REPARACION
y RENOVACIONES

albañilería
y enlucido

REPARACIONES
y RENOVACIONES

albañilería
y enlucido

Mike Lawrence

albañilería y enlucido

contenido

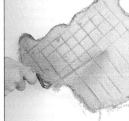
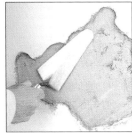

Ver págs. 112-113 para saber arreglar un enlucido estropeado.

Ver págs. 106–107 para saber cómo colocar un rosetón en el techo.

introducción

La conservación, reforma y restauración de la vivienda son las actividades a las que en mayor medida dedican el tiempo libre muchos de sus propietarios, quienes cada vez se están volviendo más adeptos a realizar trabajos que tradicionalmente se han dejado a profesionales. La gente está capacitada para aprender técnicas en áreas tales como los proyectos de albañilería y construcción, que una vez fueron vistos como demasiado difíciles para dominarlos con éxito. Hay tanto placer en colocar ladrillos y enlucir como lo hay en pintar un techo o colocar un estante; lo único que se necesita es práctica.

Hacer los deberes

Antes de embarcarse en cualquier proyecto de albañilería o enlucido, hay que tomarse un tiempo en examinar la estructura de la casa, y por ello el libro comienza echando una ojeada a la anatomía de las estructuras de albañilería. Este capítulo identifica los principales tipos de construcciones –antiguas o modernas, sólidas o huecas, de madera o de bloques– para las paredes internas o externas de una casa, así como la construcción de techos, y también muestra las opciones posibles para muros de jardín, patios y caminos. Con esta información usted será capaz de identificar las estructuras de albañilería que ya existen en su vivienda, con el fin de que pueda entender mejor cómo se construyó su casa. A su vez, esto le hará más fácil planificar y ejecutar cualquier trabajo de construcción o reforma que quiera llevar a cabo en ella. Si está pensando en mejorar el jardín construyendo muros o ubicando un patio o camino de entrada, también necesitará conocer qué materiales elegir y que métodos de construcción utilizar para muros de jardín y superficies pavimentadas. Provisto con este imponderable conocimiento básico, estará más preparado para asumir la tarea que tiene por delante y podrá manejarse dentro del escenario planificado.

ABAJO: *Este muro de ladrillo de jardín actúa como una elegante pared de sujeción para una jardinera elevada.*

ARRIBA: *Cuando las paredes de una habitación estén decoradas con una simple capa de pintura, es particularmente importante que usted consiga un acabado perfecto al enyesarlas.*

Planificación del trabajo

El tema principal del capítulo 2 enmarca los diferentes pasos que la planificación requiere. Lo primero es decidir exactamente qué es lo que quiere conseguir. Usted puede encontrar multitud de ideas para proyectos de interior mirando revistas del hogar y libros de decoración, mientras que las revistas de floricultura y los libros de jardinería paisajística le darán inspiración para desarrollar trabajos en exteriores. La otra parte del trabajo de planificación implica el asegurarse que tiene (o puede pedir prestadas o alquilar) las herramientas y el equipo necesario, incluyendo escaleras de mano y plataformas de trabajo, de tal manera que usted esté totalmente equipado para llevar a cabo cualquier trabajo de una manera efectiva y con la mayor facilidad –no tiene sentido hacer las cosas más difíciles utilizando herramientas que no son apropiadas–. También tendrá que elegir los materiales y calcular las cantidades aproximadas, y después decidir dónde comprarlos y cómo va a almacenarlos. Lo último, pero de ningún modo el final, es que antes de empezar tiene que planificar el orden del trabajo y comprobar si se requiere algún tipo de permiso municipal, tanto licencia de obra como aprobación por la autoridad responsable de urbanismo.

Realización de cambios

Los capítulos 3, 4 y 5 entran en detalle sobre algunos de los proyectos de albañilería más habituales. Dentro de una casa se puede llevar a cabo una gran variedad de reformas. Puede que quiera dividir una habitación grande construyendo una pared divisora de bloques, o aunar dos habitaciones quitando una pared interna de ladrillos. Si crea una nueva puerta, le permitirá ampliar las zonas de paso y aprovechar mejor el espacio del suelo, mientras que incluir una nueva ventana puede mejorar de manera sorprendente la entrada de luz natural en la habitación. A la inversa, condenar una ventana no deseada o una puerta puede contribuir a tener más espacio en la pared para colocar muebles. Por último, puede que quiera volver a utilizar una vieja chimenea en desuso, desbloqueándola, o añadir una nueva chimenea de fábrica con material refractario, para que la habitación cuente con un punto de atención atrayente.

Los exteriores son un excelente lugar para aguzar sus habilidades de albañilería sin tener que preocuparse porque esté creando un caos e interrumpiendo a la familia. Hay abundancia de proyectos que puede llevar a cabo, desde construir paredes de ladrillo, piedra o bloques, para crear un arco de ladrillo, o hacer un vuelo de escalones si tiene un sitio en pendiente o patio inclinado. Cuando tenga que crear zonas de paso o de estar, puede colocar baldosas de pavimento, adoquines o suelo rústico e incluir áreas con grava o guijarros. O simplemente quiera colocar el económico y práctico hormigón, tanto para un paso de carruajes como para un cobertizo de jardín.

Enlucido

Sin duda, el enlucido, el tema del capítulo 6, es una de las técnicas más difíciles de dominar. Por ello, un buen enlucidor encabezará la lista de tarifas pagadas a profesionales –y una buena razón para ahorrarse mucho dinero es aprender y dominar el arte del enlucido–. El trabajo incluye enlucir albañilería, trabajos con cartón yeso para paredes y techos y enlucido en seco para paredes, con el objeto de crear superficies lisas, que más tarde se decorarán, sobre aquellas paredes que se encuentren en malas condiciones. Existen ciertos trabajos relacionados que son mucho más fáciles de realizar, incluyendo la creación de un arco sobre una puerta, colocar dovelas en el techo y añadir elementos ornamentales de escayola como rosetones o molduras. Todo esto dará unos rasgos característicos y distintivos a cualquier habitación.

ABAJO: *Existen diversos materiales de construcción para hacer un patio. Aquí se han colocado baldosas de diferentes tamaños sobre un lecho de arena para crear una zona de estar elegante en el jardín.*

Reparación y reforma

Quizá los trabajos de albañilería y enlucido menos agradables sean aquellos que conllevan arreglar fallos y solucionar problemas. Sin embargo, efectuar reparaciones tan pronto como sea posible después de que aparezca un problema es una parte esencial del mantenimiento, tanto de la apariencia como de la integridad estructural de la vivienda. El capítulo final entra en detalle sobre las reparaciones más comunes de albañilería y enlucido que quizá tenga que hacer. En interiores, probablemente tenga que reparar enlucido, rellenar grietas en paredes y techos, reparar daños en superficies de cartón yeso e, incluso, hormigonar un suelo. En exteriores, los trabajos de mantenimiento habituales incluyen el rejuntado de ladrillos, sustitución de ladrillos estropeados y revocado, arreglo de hormigón resquebrajado y nivelación de baldosas de pavimento y adoquines que se han ido hundiendo. Si no tiene suerte, tendrá que vérselas con la humedad ascendente.

Cualquiera que sea el trabajo o proyecto que decida realizar, cogerá una experiencia que mejorará su destreza y desarrollará un talento que usted desconocía que lo tuviera. Con suerte, se dará cuenta de que después de todo la albañilería y el enlucido no son tan temibles. Este libro acaba con un glosario de términos técnicos que aparecen en el texto, y una lista de direcciones por si necesita asistencia profesional o técnica antes o durante el proyecto.

La exposición de este libro se ha diseñado para darle instrucciones sobre los proyectos de la manera más amplia y simple posible. La página de ejemplo que se muestra más abajo da unas pautas sobre los diferentes elementos que se incorporan en el diseño de la página e indica cómo hacer el mejor uso de ellos. Las fotos en color y los gráficos combinados con texto explicatorio, ordenados paso a paso y de una manera clara, ofrecen unas instrucciones fáciles de seguir. Cada proyecto va precedido de un cuadro azul que contiene una lista de herramientas para que sepa de antemano el equipo requerido para el trabajo en cuestión. Otros cuadros con texto adicional acompañan cada proyecto, y están destinados a llamar su atención sobre un aspecto en particular. Los cuadros de color rosa alertan al lector sobre medidas de protección y detallan las precauciones que hay que tomar.

También se indican aquellos trabajos en particular que tienen que ser realizados por un profesional. Los cuadros verdes ofrecen consejos de profesionales sobre la mejor manera de realizar una tarea específica incluida dentro del proyecto. Los cuadros con un borde naranja describen las opciones y técnicas alternativas que son relevantes para el proyecto, pero que no se muestran en la página.

Grado de dificultad

Los siguientes símbolos se incluyen para indicarle el nivel de dificultad de tareas concretas y proyectos que aparecen en este libro. Realmente, lo que puede ser un simple trabajo para una persona, quizá sea difícil para otra y viceversa. Estas pautas están basadas principalmente en la destreza de una persona en relación con la experiencia y el grado de habilidad técnica requerido.

 Fácil y requiere pocas destrezas técnicas.

 Fácil, pero requiere un cierto nivel de habilidad.

 Técnicamente bastante difícil y podría conllevar bastante experiencia.

Se requiere un alto nivel de experiencia e incluye cierto número de técnicas.

Se da una lista de herramientas al principio de cada trabajo.

Los cuadros de opciones ofrecen instrucciones complementarias y técnicas para el proyecto en cuestión.

Cuadros de seguridad: rosa para que destaquen, llaman la atención sobre cuestiones de seguridad.

Los cuadros de trucos ofrecen sugerencias sacadas de la experiencia de profesionales o cuestiones a destacar donde los métodos más tradicionales se pueden utilizar.

Las pestañas de color coordinadas le ayudan a encontrar rápidamente la página en que estaba si ha ojeado otros capítulos.

anatomía de las estructuras de albañilería

Antes de que medite sobre la posibilidad de llevar a cabo cualquier trabajo de reparación o reforma sobre las diferentes estructuras de albañilería de que dispone su vivienda y aledaños, tiene que conocer lo más básico sobre cómo se levantaron. La construcción de paredes en las casas ha evolucionado a lo largo de los años, desde la albañilería maciza hasta las paredes huecas con bastidor de madera. Además, los paramentos internos y techos en las viviendas más antiguas serán muy diferentes de aquellos en casas de reciente construcción. En el exterior de la casa, existen más formas de construir un muro de jardín de lo que se pueda imaginar, y ahora que la mejora de la vivienda se ha convertido en la mayor actividad del tiempo libre, los materiales nuevos se han puesto de moda para pavimentar áreas tales como caminos de acceso, senderos y patios. Este capítulo describe las técnicas de construcción más comunes utilizadas para todos estos elementos de albañilería, con el fin de permitirle saber qué es lo que tiene y lo que quiere crear en su hogar.

La fábrica de ladrillos, tanto para muros de jardín como para paredes de la casa, comparte el mismo modelo de aparejo.

Paredes exteriores de la casa

Un vistazo minucioso a las paredes exteriores de su vivienda quizá revele todo o nada sobre cómo fueron construidas. La piedra expuesta o el muro de ladrillos dan muchas pistas, pero si los materiales de construcción se ocultan detrás de una cobertura de cemento, revestimiento de madera o colocación de baldosas, usted tiene que hacer un poco más trabajo de detective para descubrir lo que se esconde bajo la superficie. Los detalles que se dan aquí, y una estimación de la antigüedad de su casa, en la mayoría de los casos le capacitarán para determinar cómo se construyeron las paredes.

Paredes macizas

Cualquier casa construida antes de la década de 1920 es casi seguro que tiene paredes externas de albañilería macizas. Éstas quizá se levantaron con bloques de piedra regulares o desiguales, o con ladrillos. El grosor de las paredes de ladrillo nos da una pista sobre su construcción. La mayoría de las casas de dos plantas tiene paredes con un grosor igual a la longitud de un ladrillo (230 mm), y las casas de tres plantas quizá tengan las paredes de la planta baja del grosor de un ladrillo y medio (350 mm). Si los ladrillos quedan expuestos en la parte exterior, la forma en que se colocaron, con los lados o con los extremos juntos, en sucesivas capas (hiladas) también darán una pista de la manera en que se construyó la pared.

Paredes huecas

Las paredes huecas se introdujeron hacia 1920 para mejorar la resistencia a las inclemencias del tiempo y el aislamiento térmico en paredes externas. Consisten en dos capas de fábrica llamadas hojas, generalmente de medio ladrillo de espesor cada una (115 mm), con un vano entre ellas. La hoja exterior suele estar hecha de ladrillos, mientras que la hoja interior quizá sea de ladrillo o de bloques de construcción. En las paredes huecas de bastidor de madera, la hoja exterior es de fábrica, mientras que la hoja interior está formada por una serie de paneles de estructura de madera prefabricados.

El vano entre las hojas no solamente ofrece ventilación y mejora las propiedades aislantes de la pared, sino que también canaliza el agua que entra por la pared exterior hacia el suelo por su cara interna, evitando que la lluvia penetre porque puede ser un problema en las paredes macizas, especialmente en áreas descubiertas. Las paredes huecas estándar tienen una anchura de vano de 50 mm, dando un grosor total de la pared de unos 280 mm. Si los ladrillos están a la vista en el exterior, solamente quedarán expuestos sus lados (llamados sogas) y los ocasionales ladrillos cortados.

ACABADOS INTERIORES

Ladrillo macizo: Revestido con revoque de cemento (mortero) y luego una capa de acabado de yeso. Este acabado debe tener un grosor máximo de 25 mm.

Cavidad de ladrillo: Probablemente enlucida, utilizando una base y un revestido de yeso de secado rápido. El recubrimiento no tendrá un grosor mayor de entre 13 y 16 mm.

Cavidad de ladrillo y bloque: Quizá esté revocada y enlucida como las paredes macizas, o puede que lleve dos capas de yeso. De nuevo, el recubrimiento no tendrá un grosor de más de 25 mm.

Cavidad de bastidor de madera: Recubrimiento con planchas de cartón yeso, que suena hueco cuando se golpea, un seguro indicador de pared con bastidor de madera. El cartón yeso se pueden enlucir o revestir.

Pared de ladrillo macizo

Los ladrillos se colocan en uno de los varios modelos (llamados aparejos) que se acoplan para dar a la pared su apoyo (ver página 16). Los más comunes son los llamados aparejo inglés y aparejo flamenco (este último se muestra aquí). Los ladrillos se colocan solapándose unos a otros de tal manera que no coincidan las juntas verticales. El lado largo de un ladrillo se denomina soga y el más corto tizón. En los modelos normales, ambos quedan visibles en la cara exterior de la pared.

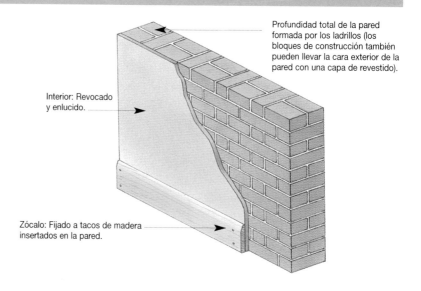

Profundidad total de la pared formada por los ladrillos (los bloques de construcción también pueden llevar la cara exterior de la pared con una capa de revestido).

Interior: Revocado y enlucido.

Zócalo: Fijado a tacos de madera insertados en la pared.

Pared hueca de ladrillo

Las dos hojas de ladrillo están separadas por un vano –generalmente de 50 mm de ancho– y unidas por piezas metálicas (normalmente de plomo) acopladas en el mortero entre los ladrillos. Cada hoja consiste en ladrillos unidos por los extremos de tal manera que sólo quedan visibles por el exterior los lados largos (sogas); colocación conocida como aparejo a soga, siendo un método excelente para formar la estructura de la pared. El tejado está sujetado por la hoja interna de la pared.

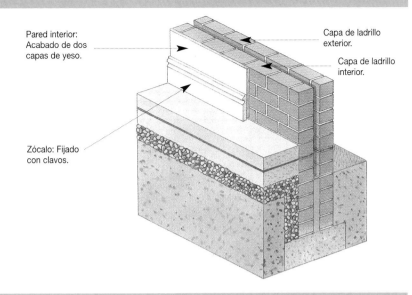

Pared interior: Acabado de dos capas de yeso.

Zócalo: Fijado con clavos.

Capa de ladrillo exterior.

Capa de ladrillo interior.

Pared hueca de ladrillo y bloque

La hoja exterior es ladrillo o piedra reconstituida en forma de ladrillo, dispuesto en aparejo a soga. La hoja interior está construida de bloques más grandes: hormigón o bloques de arcilla en las casas más antiguas y bloques ligeros aislantes (termalita o similar) en las más modernas, para mejorar el aislamiento térmico. Las dos están unidas con acero, hilo galvanizado o abrazaderas de plástico. El vano quizá se haya rellenado con aislante, bien durante la construcción con planchas de aislamiento de fibra de vidrio, o después con un material aislante inyectado.

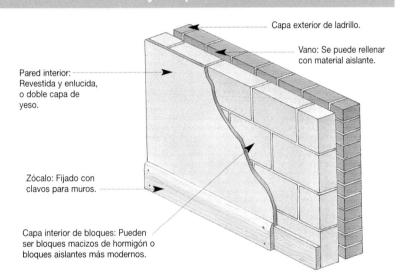

Pared interior: Revestida y enlucida, o doble capa de yeso.

Zócalo: Fijado con clavos para muros.

Capa interior de bloques: Pueden ser bloques macizos de hormigón o bloques aislantes más modernos.

Capa exterior de ladrillo.

Vano: Se puede rellenar con material aislante.

Pared hueca de bastidor de madera

La hoja exterior es la misma que para una pared hueca de ladrillo. La hoja interior está construida con paneles de bastidor de madera que dan a la parte del vano con acabado exterior de contrachapado impermeable. Los espacios dentro del bastidor están rellenos con planchas de aislamiento de fibra de vidrio, y recubiertos en la parte interior con polietileno antivapor, para evitar que el aire húmedo del interior de la casa produzca condensación en el aislante. Se colocan fijadores de acero galvanizado, a intervalos, en el lado hueco de los paneles y se enganchan a la hoja exterior para unirlos.

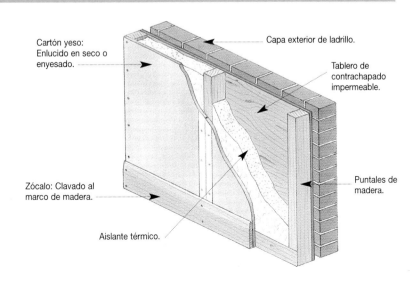

Cartón yeso: Enlucido en seco o enyesado.

Zócalo: Clavado al marco de madera.

Aislante térmico.

Capa exterior de ladrillo.

Tablero de contrachapado impermeable.

Puntales de madera.

Techos y paredes interiores de la casa

Algunas paredes internas son simples divisores de habitaciones, mientras que otras son muros de carga. En la planta baja, una pared que es muro de carga soporta el peso de las vigas del suelo del piso superior y de la pared que se encuentra directamente encima de ella. Esta pared de la planta superior puede que, a su vez, soporte parte de la estructura del tejado. Dependiendo de la antigüedad y la forma de construcción de la casa, estas paredes quizás sean de fábrica o de bastidor de madera. En contraposición, los techos muestran menos variedad.

Paredes macizas

En casas con paredes externas de fábrica, las paredes internas de la planta baja generalmente también son de albañilería. El ladrillo es común en casas construidas antes de la década de 1930, cuando los bloques de hormigón empezaron a reemplazarlos –el hormigón ahora se utiliza universalmente para todas las paredes internas macizas que hacen de muro de carga–. En la planta alta, las paredes que forman muros de carga son una continuación hacia arriba de las paredes homólogas en la planta baja y serán también de fábrica.

Paredes huecas

Las paredes con bastidor de madera se utilizan bastante en la planta alta donde su posición no coincide con las paredes de la planta baja. En cambio, su peso es soportado por las vigas del suelo de la planta alta. Tales paredes no son muros de carga, pero quizá existan en la casa otras paredes con bastidor de madera que sí lo sean. Solamente un minucioso examen determinará si la pared está soportando las vigas del suelo o los puntales del tejado.

Paredes de bastidor de madera

En las casas construidas antes de mediada la década de 1920, las paredes de estructura de madera y escayola eran lo habitual. Su marco consiste en listones verticales llamados pilastras fijados entre un cabezal horizontal y una suela. El espaciado de las pilastras suele ser de 610 mm. A lo largo, están clavadas tiras estrechas de madera blanda, llamadas listones, horizontalmente y perpendiculares a los pilares con un pequeño espacio entre ellos, y se le aplica una primera capa de enlucido de yeso, que se adosa a los listones para crear una base para sucesivas capas de yeso. Desde la introducción del papel cartón en la década de 1920, las paredes de marco de madera se han convertido en el tipo más común de pared interna. El marco es similar a una pared de listones y yeso, con la adición de sujeciones horizontales entre los pilares para evitar que se arqueen. El cartón yeso se vende en tableros de tamaño estándar, así que el espacio entre pilastras es fijo para permitir que las juntas del tablero queden sobre ellos. Normalmente están fijados a una distancia de 400 mm, ocasionalmente a 600 mm. Quizá se dé una fina capa superficial de yeso a la superficie del tablero, o puede que tenga los bordes canteados y rellenos: un acabado conocido como revestimiento seco.

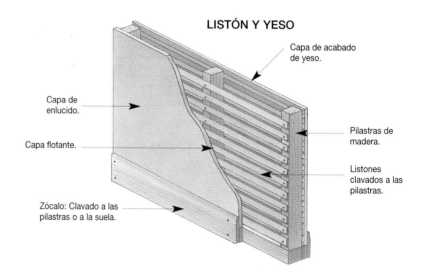

LISTÓN Y YESO

Capa de acabado de yeso.

Capa de enlucido.

Capa flotante.

Pilastras de madera.

Listones clavados a las pilastras.

Zócalo: Clavado a las pilastras o a la suela.

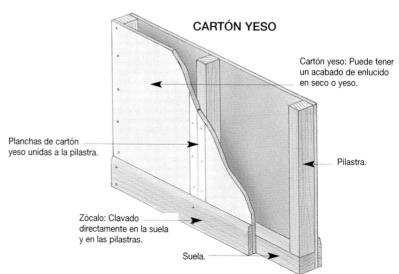

CARTÓN YESO

Cartón yeso: Puede tener un acabado de enlucido en seco o yeso.

Planchas de cartón yeso unidas a la pilastra.

Pilastra.

Zócalo: Clavado directamente en la suela y en las pilastras.

Suela.

Pared maciza de ladrillo o bloque

Las paredes interiores de ladrillo generalmente tienen el grosor de un ladrillo de 102 mm, con éstos colocados en aparejo a soga. Las superficies de la pared estarán enlucidas y enyesadas a ambos lados, dando un grosor en conjunto de 140 mm, aunque los edificios de tres plantas o más puede que tengan las paredes de la planta baja más gruesas. Las paredes de bloques de hormigón son del grosor de un bloque, generalmente 100 mm, con unos 13 mm de cobertura de yeso sobre cada lado, dando un grosor de pared en conjunto de 125 mm.

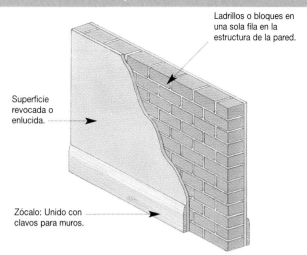

Ladrillos o bloques en una sola fila en la estructura de la pared.

Superficie revocada o enlucida.

Zócalo: Unido con clavos para muros.

Techos

En casas con vigas de madera para suelos, la estructura del techo se fija a la parte inferior de las vigas y el suelo de la habitación superior queda sobre la parte superior de las mismas. Los techos de listones y yeso son lo habitual en casas construidas antes de los años 1920-1930; después de esta fecha los techos de cartón yeso se han vuelto universales. Los techos de listones y yeso están construidos de la misma manera que las paredes de listones y yeso, y tienen una capa triple de yeso liso, mientras que los techos de cartón yeso quizá lleven una capa superficial con acabado de yeso o enlucido seco, como para las paredes de cartón yeso. El espaciado entre las vigas quizá varíe en las casas más antiguas, pero están casi siempre distanciadas a 400 mm en las modernas. Los techos de madera de lengüeta y ranura raramente se encuentran en las casas victorianas.

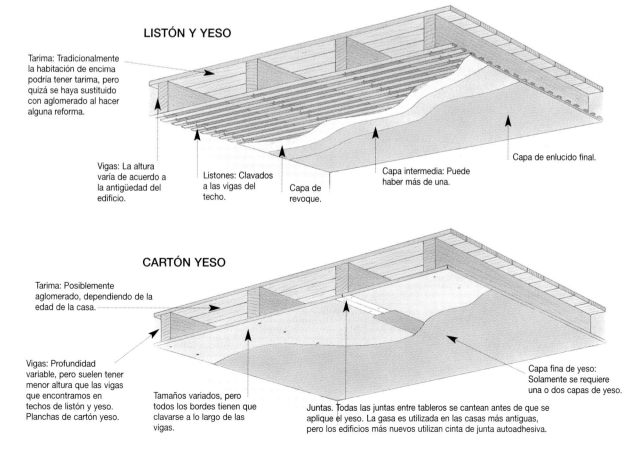

LISTÓN Y YESO

Tarima: Tradicionalmente la habitación de encima podría tener tarima, pero quizá se haya sustituido con aglomerado al hacer alguna reforma.

Vigas: La altura varía de acuerdo a la antigüedad del edificio.

Listones: Clavados a las vigas del techo.

Capa de revoque.

Capa intermedia: Puede haber más de una.

Capa de enlucido final.

CARTÓN YESO

Tarima: Posiblemente aglomerado, dependiendo de la edad de la casa.

Vigas: Profundidad variable, pero suelen tener menor altura que las vigas que encontramos en techos de listón y yeso. Planchas de cartón yeso.

Tamaños variados, pero todos los bordes tienen que clavarse a lo largo de las vigas.

Juntas. Todas las juntas entre tableros se cantean antes de que se aplique el yeso. La gasa es utilizada en las casas más antiguas, pero los edificios más nuevos utilizan cinta de junta autoadhesiva.

Capa fina de yeso: Solamente se requiere una o dos capas de yeso.

Paredes de jardín

Las paredes de jardín pueden marcar los límites de una propiedad, actuar como separadores entre diferentes niveles del jardín en lugares en pendiente, o formar jardineras independientes y otras características de jardín. El método para construirlas varía de acuerdo a si su finalidad es estructural o meramente decorativa, y de si se construyen con ladrillo o con bloques. Si usted está construyendo una pared de jardín empezando de la nada, sus cimientos bajo el nivel del suelo son tan importantes como su estructura por encima.

Cimientos

Incluso la pared de jardín de menor altura necesita un apoyo adecuado en el terreno. En la mayoría de los casos esto significa excavar la tierra y colocar una franja de cimiento de hormigón utilizando una mezcla de una parte de cemento y cinco partes de áridos (mezcla de arena gruesa y grava de 20 mm). La franja deberá tener el doble de anchura que la pared para fábrica de hasta 750 mm de altura, y tres veces más ancha para paredes más altas. Debería ser de un grosor de al menos 150 mm para todo tipo de terrenos, excepto los de arcilla, en cuyo caso debería tener un grosor de 200 mm, porque la arcilla es propensa a hundirse. Su parte superior debería estar a unos 230 mm por debajo del nivel del suelo, para que se puedan colocar tres hiladas de ladrillos o una de bloques bajo el nivel del suelo y así se pueda colocar una jardinera o césped junto a la pared.

Paredes de ladrillo

Las paredes para jardín más simples están construidas con una sola hoja de ladrillo, de un espesor de un ladrillo (102 mm). Los ladrillos se colocan en aparejo a soga, con los ladrillos contrapeados, solapándose cada uno en la mitad de su longitud. Por seguridad, la altura máxima para este tipo de construcción es de 450 mm –seis hiladas de ladrillos– a menos que esté sujetada por pilares de un ladrillo de lado en los extremos e instalados cada 3 m, pudiéndose añadir tres hiladas más. Una pared más alta necesita una fábrica dos veces más gruesa –la longitud de un ladrillo (215 mm) en lugar de la anchura–. Puede construir una pared como ésta a una altura de 1,35 m sin pilares, y a 1,8 m con pilares intermedios y en los extremos de un ladrillo y medio (unos 330 mm) de lado. La construcción de una pared más alta requiere adoptar otras medidas de disposición de los ladrillos (ver cuadro).

TIPOS DE APAREJO

Normalmente se utilizan tres clases de aparejo para paredes de jardín.

• **Aparejo inglés:** La primera hilada tiene dos filas de sogas paralelas, la segunda hilada está formada por tizones (ladrillos colocados con la parte ancha a la vista). Alterne las hiladas a soga y a tizón para construir la pared. En los aparejos a tizón se utiliza un ladrillo cortado longitudinalmente para rematar las esquinas.

• **Aparejo flamenco:** Cada hilada tiene dos sogas paralelas seguidas de un tizón. Los tizones están centrados sobre el par de sogas en la hilada inferior. Los ladrillos para remate se utilizan en los extremos y en las esquinas en hiladas alternas.

• **Aparejo inglés para pared de jardín:** Las primeras tres, cuatro o cinco hiladas se colocan con sogas paralelas, seguidas por una sola hilada a tizón. Este tipo de aparejo es similar al aparejo inglés, pero no es tan fuerte porque no hay tantas hiladas a tizón.

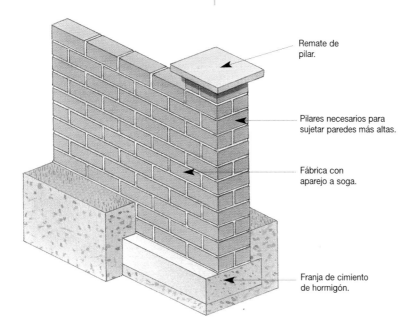

Remate de pilar.

Pilares necesarios para sujetar paredes más altas.

Fábrica con aparejo a soga.

Franja de cimiento de hormigón.

Generalmente se utilizan dos tipos de bloques prefabricados para levantar paredes de jardín. El primero es de piedra reconstituida. Estos bloques tienen una cara y un borde moldeado simulando la piedra natural, mientras que la otra cara es lisa, así los bloques se pueden colocar igual que los ladrillos en hiladas enrasadas. Algunos tipos incluyen bloques de diferentes longitudes y alturas, creando la apariencia de una pared de piedra rústica cuando se colocan. Se aplican las mismas restricciones para la altura que en los trabajos de ladrillo, con la colocación de pilares para paredes altas.

El segundo tipo es el bloque de celosía para paredes. Éste es un bloque cuadrado perforado con una variedad de diseños simples. Normalmente son de 300 mm de lado y 90 mm de grosor, y están diseñados para ser colocados en aparejo de pila, en columnas y filas que no se intercalan entre los bloques, por lo que obviamente no hay que cortarlos. La pared resultante es comparativamente débil a menos que se construyan pilares a intervalos de 3 m y se utilice un refuerzo de tela metálica en las juntas horizontales de mortero. Los pilares pueden ser de ladrillo o de bloques macizos, o se pueden construir utilizando unos bloques especiales para esquinas y pilares que miden 200 mm de altura y que llevan un hueco en el centro donde se insertan listones de refuerzo que se incrustan en el cimiento de hormigón. La altura máxima de la pared es de 600 mm (dos bloques) sin refuerzo, y 1,8 m con él.

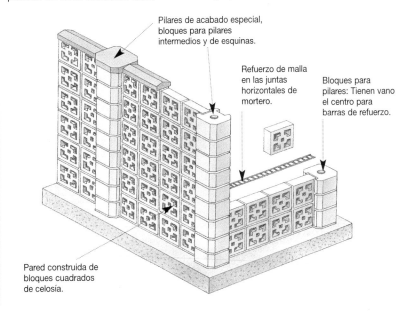

Pilares de acabado especial, bloques para pilares intermedios y de esquinas.

Refuerzo de malla en las juntas horizontales de mortero.

Bloques para pilares: Tienen vano el centro para barras de refuerzo.

Pared construida de bloques cuadrados de celosía.

Los muros utilizados para hacer terrazas en un jardín con desnivel tienen que ser lo suficientemente resistentes para contener el peso de la tierra. Un muro de ladrillo de poca altura –hasta 600 mm– se puede construir en fábrica de 215 mm de grosor, con alguno de los tipos de aparejo. Para una pared de hasta 1,2 m de altura, se puede construir con capas de aparejo a soga, con barras de refuerzo colocadas en los cimientos y embutidas entre las dos paredes. Para darle mayor refuerzo, las paredes se pueden unir con abrazaderas para paredes huecas y la cavidad se rellena con hormigón fino. Las paredes que tengan más altura de 1,2 m las tiene que construir un profesional para asegurar que serán lo suficientemente fuertes para que no se derrumben. Por este motivo, es mejor crear terrazas en un terreno en pendiente instalando varios muros bajos formando una especie de graderío.

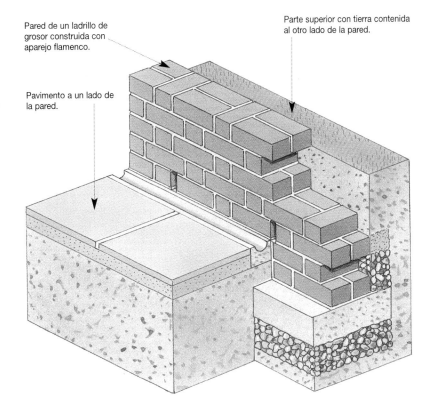

Pared de un ladrillo de grosor construida con aparejo flamenco.

Parte superior con tierra contenida al otro lado de la pared.

Pavimento a un lado de la pared.

Patios, senderos y caminos para vehículos

Aparte de los muros, crear un paisaje en el jardín también requiere zonas con superficies duras para el tránsito y colocar muebles de jardín. Los patios, senderos y caminos para vehículos se pueden solar con materiales diferentes, incluyendo baldosas o bloques colocados sobre lecho de arena o de mortero, y zonas de hormigón, grava o guijarros. Los principales requisitos de cualquier superficie dura en el exterior de una casa son que tiene que proporcionar una plataforma firme y estable con un buen drenaje para el tiempo lluvioso y que esté colocado sobre una base sólida para que no se hunda y no se desiguale con el paso del tiempo.

Pavimento de baldosas sobre arena

Las baldosas para pavimentar se pueden encontrar en una amplia variedad de tamaños y formas, y existen juegos que se colocan de forma circular en anillos concéntricos alrededor de una piedra central. La textura de la baldosa puede ser lisa, con dibujo en relieve para simular pizarra partida o piedra de York, o acabada con una superficie de arenisca fina o árido más grueso. La gama de colores va desde el amarillo claro hasta el gris con varias tonalidades del terracota rojo. Para áreas que soportarán poco peso, tales como patios y senderos de jardín, las baldosas se pueden colocar sobre un lecho de arena rastrillada y compactada de unos 50 mm de profundidad. Esto ofrece continuo apoyo para la parte inferior de las baldosas, nivela cualquier desigualdad en el subsuelo y facilita el enrasar las baldosas con las colindantes. El lecho de arena se puede colocar directamente sobre el subsuelo bien compactado, pero si es inestable o recientemente se ha cavado, habrá que colocar una capa de 75 mm de firme de suelo (cascotes para construcción) bien compactado o roca triturada, debajo de la arena, para dejar una base firme que no se hunda. Las juntas entre baldosas se rellenan con arena o tierra.

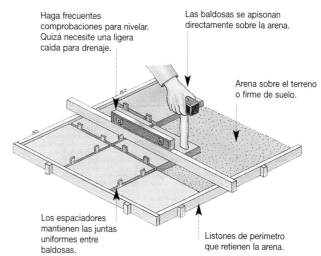

Haga frecuentes comprobaciones para nivelar. Quizá necesite una ligera caída para drenaje.

Las baldosas se apisonan directamente sobre la arena.

Arena sobre el terreno o firme de suelo.

Los espaciadores mantienen las juntas uniformes entre baldosas.

Listones de perímetro que retienen la arena.

Pavimento de baldosas sobre mortero

Para zonas tales como caminos para vehículos y zonas de aparcamiento, las baldosas se tienen que colocar sobre un lecho de mortero, porque si no se hace así el peso del vehículo hará que las baldosas se hundan y se rompan. El lecho de mortero necesita una base dura y estable –de firme de suelo bien compactado de un grosor de 100 mm o de roca triturada, o un camino de hormigón ya existente–.
Las baldosas se colocan sobre mortero, que se echa en los bordes y en el centro, dejando espacio para que el mortero se extienda y rebose por los bordes al apretar la baldosa hacia abajo y quede un lecho continuo al nivelar la baldosa. Las juntas entre baldosas se rellenan con una mezcla de mortero muy seco, para evitar que ensucie las baldosas al echarlo.
El pavimento de baldosas rústicas de contorno irregular es un tipo de solado para el que se utiliza el mismo método que el pavimento normal, pero con baldosas partidas como materia prima, las cuales se colocan sobre un lecho continuo de mortero y no sobre mortero que se va aplicando poco a poco bajo cada una de ellas.

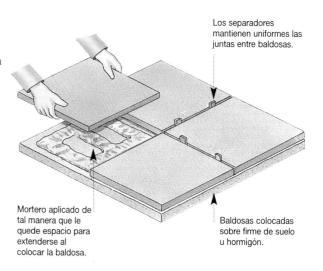

Los separadores mantienen uniformes las juntas entre baldosas.

Mortero aplicado de tal manera que le quede espacio para extenderse al colocar la baldosa.

Baldosas colocadas sobre firme de suelo u hormigón.

Hormigón

El hormigón es una mezcla de cemento, arena gruesa y áridos pequeños, piedras de hasta 20 mm de diámetro, con el que se puede crear una superficie ideal para patios, senderos y caminos para vehículos, sitios en los que se mira más la durabilidad y la economía que la apariencia. Cuando se coloca en franjas, el hormigón se contiene en un molde de madera llamado encofrado. Este armazón asegura que la placa tendrá bordes totalmente verticales, y también actúa como guía niveladora cuando se vierte la capa final de hormigón. La mezcla correcta para placas a la intemperie es una parte de cemento y tres y media de arena y áridos combinados.

Una vez la zanja se ha cavado y se ha instalado el encofrado, se echa una capa de firme de suelo o piedra triturada, bien compactado, seguida de una fina capa de arena o balasto para rellenar los huecos del firme, y todo esto recubierto por el hormigón. La suma de la profundidad de las dos capas de base será de aproximadamente 75 mm para un sendero o patio, y de 100 mm para un camino para vehículos, aumentándolo a 150 mm en terrenos arcillosos. Igualmente, la capa de hormigón deberá tener un grosor de 75 y 100 mm respectivamente y 150 mm sobre arcilla.

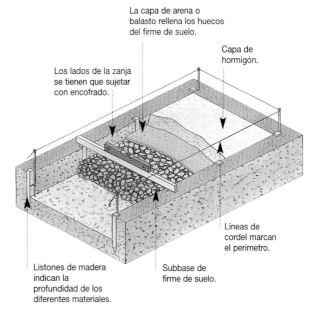

La capa de arena o balasto rellena los huecos del firme de suelo.

Capa de hormigón.

Los lados de la zanja se tienen que sujetar con encofrado.

Líneas de cordel marcan el perímetro.

Listones de madera indican la profundidad de los diferentes materiales.

Subbase de firme de suelo.

Grava y guijarros

La grava es la típica piedra de río cribada a un diámetro de 20 mm. Se coloca suelta sobre una base firme de subsuelo bien apisonado o piedra triturada (el empedrado es demasiado escabroso), con una membrana antihierbas colocada bajo la base si es posible. Se necesita una profundidad de 50 mm en senderos de jardín y 100 mm en caminos para vehículos. La zona necesitará algún tipo de borde, como piedra de bordillo o listones de madera fijados con clavijas, para evitar que la grava se esparza por el césped contiguo o las plantaciones de flores. Los guijarros son piedras redondeadas más grandes, de hasta 75 mm de diámetro. Se pueden colocar sueltos pero es más común encajarlos a la mitad de su grosor en un lecho de mortero continuo. Ofrecen una superficie atractiva a la vista, pero es relativamente incómoda para caminar por encima; así que normalmente se colocan en pequeñas zonas acompañando otro tipo de pavimento o como adorno paisajístico.

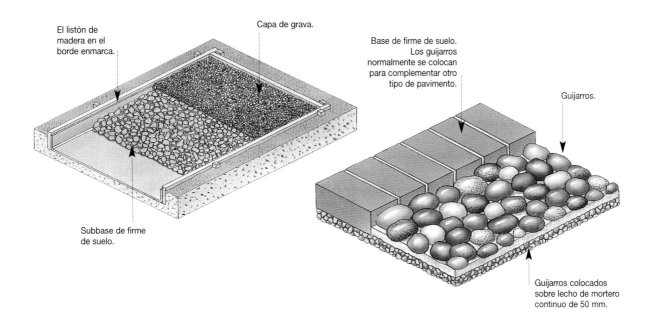

El listón de madera en el borde enmarca.

Capa de grava.

Subbase de firme de suelo.

Base de firme de suelo. Los guijarros normalmente se colocan para complementar otro tipo de pavimento.

Guijarros.

Guijarros colocados sobre lecho de mortero continuo de 50 mm.

planificación

Cualquiera que sea la tarea que intente llevar a cabo, de albañilería o de enlucido, es esencial estar bien organizado antes de comenzar. Tiene que decidir qué es lo que quiere obtener, y evaluar su viabilidad con el fin de que conozca exactamente qué le va a suponer el concluirlo. Esto le permitirá calibrar si es capaz de realizar todo el trabajo usted mismo, y también establecerá si es necesario atenerse a la normativa de edificación o solicitar una licencia de obras. El siguiente paso es evaluar qué materiales necesitará y en qué cantidad, y hacer una lista de las herramientas y equipo especializado que precisará. Sobre todo, necesitará un periodo de tiempo para trabajar, por lo que deberá marcarse usted mismo un objetivo realista para llevarlo a efecto. Este capítulo da una visión general de algunos de los proyectos en los que podría estar pensando, da información detallada sobre herramientas y materiales que probablemente necesita, y examina las formas en que puede planificar con antelación para asegurar que su proyecto de reforma salga con éxito.

Colocando una nueva pared separadora, se han creado dos zonas de estar distintas en lo que antes fue una única habitación grande.

Opciones para cambios en interiores

El interior de su casa se puede renovar de diferentes maneras. Quizá usted sea capaz de sacarle mejor partido al espacio del suelo que tiene cambiando la distribución de habitaciones individuales, añadiendo paredes medianeras para dividir un espacio amplio, quitando una pared entre habitaciones contiguas para crear una más amplia, o condenando una puerta que no se desea tener. Quizá sea capaz de conseguir más luz en sitios oscuros añadiendo una ventana nueva, o creando una nueva puerta de acceso o arcada. Se puede volver a abrir una chimenea si ésta había sido condenada, o condenarla si no se quiere utilizar más.

Tabicar una habitación

Muchas casas antiguas tienen habitaciones con espacio suficiente para colocar un tabique separador; por ejemplo, sacar una habitación aprovechable de una cocina grande, o incluir un guardarropa en la planta baja en un vestíbulo amplio. Las divisiones de fábrica tienen que ser confinadas a las habitaciones de la planta baja, donde se pueden construir sobre suelo de hormigón o cerca de una pared durmiente bajo una de madera flotante. No es probable que los pisos de la planta superior sean tan fuertes como para soportar un tabique de albañilería sin tener que reforzar las vigas en extremo, y una pared de bastidor de madera será una opción mejor. La construcción de una pared de partición quizá requiera ajustarse a lo establecido en la normativa de edificación en cuanto a la ventilación de las nuevas habitaciones se refiere, y también cada habitación contará con nuevas instalaciones de fontanería.

DERECHA: *Al dividir una habitación grande en dos áreas más pequeñas normalmente se hace un aprovechamiento más práctico del espacio. Instalar un murete separador mantiene la sensación de amplitud a la vez que crea una barrera diferenciadora.*

Creación de un paso entre habitaciones

Quitar la pared divisoria entre habitaciones contiguas, o crear una abertura entre ellas, puede dar a una casa cargada un nuevo sentido de amplitud. El cambio más difundido incluye crear una zona de estar más amplia donde había un salón y un comedor, pero puede también combinar el comedor y la cocina, o unir el salón y el vestíbulo (siempre que tenga un zaguán de entrada separado). Dado que es probable que todas estas paredes de división sean muros de carga, quitar parte o el total de ellas requerirá el uso de vigas de acero, llamadas de carga, para soportar el peso. El trabajo requerirá un permiso del departamento de edificación, y sería mejor que preguntase a un constructor o aparejador para que le especifique el tamaño correcto de la viga y evalúe el efecto que producirá en los flancos de las paredes y sus basamentos.

IZQUIERDA: *La pared entre el salón y el comedor se ha derribado, permitiendo que ambas habitaciones tengan más luz e integrando el espacio de la zona de estar.*

Abertura de una puerta o ventana nuevas

Una ventana nueva puede aportar la luz que necesita una habitación oscura. Quizá usted quiera acoplar una ventana en una pared que no tiene ninguna, ampliar una abertura existente de tal manera que pueda tener una ventana más grande, o convertir una ventana en puerta francesa o de patio. En una pared exterior, la nueva abertura tiene que estar coronada por un dintel adecuado para soportar el peso de la pared o paredes que descansan sobre ella. En interiores, una nueva puerta en una pared interna de fábrica también requiere un dintel, pero mucho más ligero, porque la pared es más fina. Estos dos trabajos requieren aprobación de la normativa de edificación y se debería pedir asesoramiento profesional sobre el tamaño y el tipo específico del lintel para nuevas aberturas en paredes externas.

Transformación de una chimenea

Las casas construidas con chimeneas puede que todavía las tengan, incluso si la abertura original de la chimenea se ha bloqueado. Quizá usted decida reinstalar una chimenea condenada y poner una nueva solera y embocadura, o hacer al revés: desmontar y condenar una chimenea que ya no quiere. El trabajo que conlleva reintegrar una chimenea depende de si el viejo retablo se quitó cuando se condenó, mientras que cerrar incluye desmontar el retablo y bloquear la abertura. Necesitará licencia de construcción para volver a instalar una chimenea, pero no para quitarla.

ARRIBA DERECHA: *Insertar una ventana interior aumenta la claridad y crea nuevas conexiones entre habitaciones.*

DERECHA: *Volver a instalar una vieja chimenea que previamente se había tapiado dará un aspecto distinguido a la habitación.*

Creación de un arco

Para crear un arco se requiere una abertura nueva o una existente con un dintel sobre él, y unos medios para realizar la figura del arco y rellenar la parte alta de los rincones de la abertura. La manera más profesional de hacer esto es utilizar cimbras metálicas para hacer los lados del arco y la parte curvada (llamada sofito). Una vez fijada en el sitio, la cimbra se cubre con yeso para formar un arco equilibrado y macizo. Formar un arco dentro de una abertura existente no precisa ninguna licencia oficial.

IZQUIERDA: *Añadir un perfil en forma de arco crea un rasgo característico inusual y coopera a suavizar la abertura existente.*

Opciones para cambios en exteriores

En exteriores, tiene un campo enorme donde elegir para cambiar el paisaje de su jardín. Puede construir paredes para delimitar el terreno, subdividir la parcela, crear diferentes niveles en terrazas sobre un lugar en desnivel o acoplar elementos tales como arcos y jardineras. Puede unir diferentes niveles del jardín con vuelos de escalones. El ladrillo, la piedra reconstituida o los bloques calados de celosía para paredes, todos se pueden utilizar, dependiendo de su gusto personal. Bien sea para empezar de la nada en una parcela virgen alrededor de una casa nueva, o bien para cambiar lo que ya está allí, todo lo que necesita son ideas y un plan maestro.

Paredes de ladrillo para jardín

El ladrillo es un material excelente para utilizar en las paredes de jardín. Hay una enorme variedad de colores, texturas y acabados, y la unidad básica es ligera y fácil de manejar y colocar. Si tiene una casa construida con ladrillo, merece la pena tratar de encontrar ladrillos que se igualen a los de la casa. Esto dará la impresión de que las nuevas paredes ya estaban allí desde que la casa se construyó. Si usted no ha colocado ladrillos antes, empiece desde el principio con un simple proyecto, como una jardinera en el patio o una barbacoa. Según se vaya familiarizando con la tarea, puede seguir construyendo paredes más grandes de ladrillo con modelos de aparejos atractivos, añadiendo pilares y detalles, tales como hiladas de coronación para acabar la parte alta de la pared.

DERECHA: *Esta pared de ladrillo fino muestra una versión de pared de jardín con aparejo inglés, con tres hiladas a soga seguidas de una hilada de sogas y tizones alternos. Los agujeros de drenaje de la parte inferior permiten que salga el agua.*

Paredes de bloques de piedra

Los bloques de piedra prefabricada para paredes son la alternativa ideal a los ladrillos si usted prefiere que tengan una apariencia más rústica y natural. Puede utilizarlos para la misma clase de estructuras, desde simples jardineras a filas más largas de paredes delimitadoras o divisorias. Son simples para el aficionado porque en la parte alta y en la baja las superficies son lisas; así se pueden conseguir de una manera fácil hiladas niveladas. Algunos tipos tienen bloques de diferentes alturas, permitiéndole crear paredes de un aspecto muy natural. Los fabricantes también ofrecen gran variedad de piedras para remate, y es fácil combinar colores con otros elementos paisajísticos como el pavimento. Los bloques de piedra para pared también pueden hacer de excelentes muros de contención. Combinados con una ingeniosa disposición de las plantas, en seguida se volverán parte del paisaje.

IZQUIERDA: *Este muro de contención de bloques de piedra ofrece una zona en el jardín para crear inusuales jardineras. El diseño escalonado de la parte superior mantiene la pared a la misma altura que el terreno en pendiente.*

Paredes de bloques de celosía

Los bloques decorativos calados para paredes de celosía son una elección atractiva si quiere delimitar una zona para patio sin tener una pared maciza alrededor. También son excelentes para esconder espacios desagradables a la vista, como una zona con cubos de basura o cubos de estiércol. Tienen la típica fisonomía mediterránea, y se pueden pintar con colores claros para darle una apariencia muy actual. Se pueden encontrar en diferentes diseños, y existen también bloques para pilares o cruces en T, así como piezas para remate o coronación.

Arco de ladrillo

Un arco de ladrillo es un elemento característico que causa sensación, tanto si está construido dentro de una pared delimitadora como en una estructura aislada. El secreto del éxito es construir un armazón semicircular para sostenerlo y que se mantenga en su sitio cuando los pilares o las paredes laterales empiezan a formar la curvatura del mismo (punto de arranque). Luego es un simple asunto de colocar ladrillos uno a uno, subiéndolos hasta la parte más alta del arco para llegar a la clave que completa el semicírculo. Una vez se ha completado el primer arco, puede añadir un segundo e, incluso, un tercero si lo desea.

ARRIBA DERECHA: *El contraste de ladrillos y celosía puede hacer una elegante pared de jardín.*

DERECHA: *Este arco de ladrillo se ha combinado con una puerta metálica, ofreciendo una imponente entrada al jardín.*

ABAJO: *Los bloques de piedra hacen de contrahuella y las baldosas de pizarra de huella, en estos primorosos escalones de jardín.*

Vuelo de escalones

Los escalones son un elemento esencial en el jardín si tiene una zona con una más que ligera pendiente. Enlazan diferentes niveles del jardín, y que se pueden construir descansando sobre el mismo terreno como una estructura independiente junto a un muro de retención. Las contrahuellas –las secciones verticales que sujetan los escalones– se pueden construir de ladrillo o piedra prefabricada, mientras que los escalones pueden ser baldosas o bloques de pavimentar o más ladrillos. Lo que hay que recordar sobre escalones de jardín es que deberían tener la suficiente anchura como para que dos personas pasen con facilidad, y estar construidos de tal manera que el agua drene libremente fuera de los peldaños.

Herramientas y equipamiento

Se necesitará cierta variedad de herramientas para llevar a cabo los proyectos y reparaciones descritas en este libro. Probablemente ya tenga algunas de las herramientas más comunes, como pueden ser martillos, destornilladores, brocas y sierras, así como herramientas de jardín, tales como pala, laya y carretilla. Otras las tendrá que comprar, particularmente para trabajos especializados, como los de colocar ladrillos y enlucir. Compre las mejores herramientas que pueda pagar, porque le darán mejor resultado que las baratas, pero recuerde que muchas herramientas y equipamiento de acceso se pueden alquilar, y hay que tenerlo en cuenta si va a necesitar la herramienta para una sola ocasión.

Herramientas generales

Revise las herramientas que ya tiene, asegurándose de que están en buenas condiciones de uso y sin herrumbre. Mire también los recambios, tales como brocas normales y para muros, hojas para sierras eléctricas y hojas para cuchillas. Algunas herramientas quizá se improvisen de materiales comunes: por ejemplo, un trozo de listón recto de madera corriente es ideal para utilizar como borde recto, un trozo de tablero ofrece una buena superficie para mezclar materiales, y un recorte de madera se puede utilizar como clavija o relleno. La cuerda también vendrá bien para hacer proyectos de construcción en el jardín.

Taladradora sin cable

Brocas

Brocas para muros

Martillo de uña

Maza de goma

Nivel de burbuja de 1 m

Cuchilla

Minisierra de arco

Destornilladores

Flexómetro

Sierra para metales

Herramientas eléctricas

Aparte de la taladradora sin cable, pocas herramientas eléctricas más se necesitan para proyectos de albañilería y enlucido. Sin embargo, merece la pena considerar comprar una amoladora de ángulo, porque es muy útil para cortar baldosas de pavimentar, y una lijadora eléctrica, que puede aligerar el trabajo de acabado de yeso nuevo. Una sierra eléctrica también ahorrará esfuerzo al cortar madera para encofrados u otros usos.

Banco de trabajo portátil

Amoladora

Lijadora eléctrica

Sierra de vaivén

Escalera

Necesitará también ciertas herramientas especiales para trabajos de construcción. Entre éstas se incluyen paletas, clavos y cordel para colocar las hiladas de ladrillo, un cincel y una maza para cortar ladrillos y bloques, y un esparavel metálico para llevar pequeñas cantidades de mortero y yeso al lugar donde se realiza el trabajo. Si tiene que demoler materiales viejos, quizá necesite una almádena, pico y palanqueta. Para excavar zanjas, mezclar y remover materiales y nivelar lechos, vaya al cobertizo del jardín y coja pala, laya, carretilla y rastrillo.

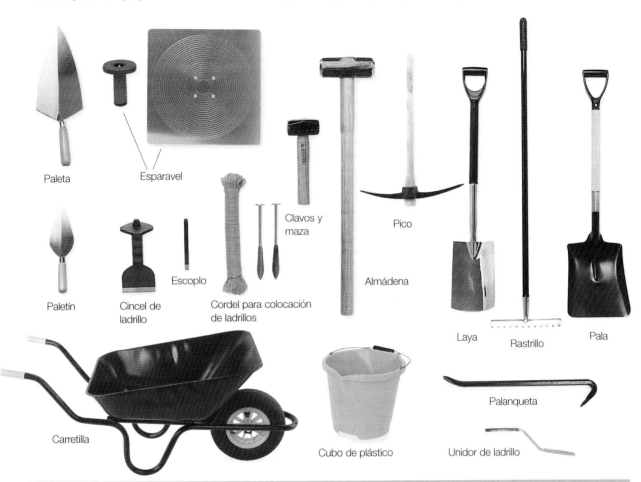

Paleta

Esparavel

Paletín

Cincel de ladrillo

Escoplo

Cordel para colocación de ladrillos

Clavos y maza

Pico

Almádena

Laya

Rastrillo

Pala

Carretilla

Cubo de plástico

Palanqueta

Unidor de ladrillo

La herramienta básica para enlucir es la llana o el fratás de acero. Utilícelos conjuntamente cuando esté aplicando yeso. Las llanas para esquinas y rincones son de utilidad para enlucir tales ángulos y un paletín es útil para hacer reparaciones en el enlucido. Necesitará una varilla mezcladora eléctrica para mezclar yeso y un trozo de tabla para tener la mezcla de yeso cerca del trabajo. Si va a trabajar con cartón yeso, necesitará una sierra para paneles, un serrucho de punta (sierra para pared seca), una plomada, un elevador de tablero, una espátula de calafatear y un cuchillo de revestido.

Serrucho de punta

Levantador de tablero

Paletín

Espátulas de enlucido

Llana para esquinas

Espátula para revestido

Llana para rincones

Plomada

Varilla mezcladora

Espátula japonesa

Llana para enlucido

Materiales de construcción – 1

Necesitará una amplia variedad de materiales de diferentes clases para los proyectos de construcción descritos en este libro. Todos estos productos se pueden encontrar en almacenes de materiales de construcción, grandes tiendas de bricolaje y centros de jardinería; así que tómese su tiempo para ver qué es lo que tienen en cada sitio y compare precios y costes de envío. Recuerde que los almacenes probablemente sean bastante más baratos que las tiendas, aunque quizá no le puedan suministrar cantidades pequeñas. A continuación se muestran tipos de ladrillos, bloques, materiales para pavimentar y otros productos de albañilería, mientras que el cemento, áridos, aditivos y productos de escayola aparecen en las páginas 30-31.

Ladrillos y bloques

Ladrillo

Bloque de hormigón para construcción

Bloque de aislamiento térmico para construcción

Bloque de celosía para paredes

Bloque para pilar de celosía

Remate de pilar para pared de celosía

Bloques decorativos para pared

Remates para paredes de piedra

TIPOS DE LADRILLOS Y BLOQUES

Ladrillos: Para los trabajos de construcción en general se utilizan dos tipos de ladrillos: el común y el ladrillo visto. Los ladrillos comunes se pueden usar en cualquier trabajo. El ladrillo visto tiene un acabado decorativo que quedará expuesto a la vista cuando termine de construir cualquier estructura. La "calidad" del ladrillo determina su resistencia a las inclemencias del tiempo. Existen ladrillos de calidad destinados únicamente para interiores. Los ladrillos más corrientes se pueden emplear en exteriores, pero no cuando las condiciones de exposición a los rigores del clima sean extremas, ni tampoco para estructuras tales como muros de contención de tierra, los cuales tendrán humedad de forma permanente. En tales casos debería utilizar ladrillos de una calidad especial, que son macizos y no absorben la humedad.

Bloques: Existen tres clases principales de bloques de construcción. Los de la clase A son bloques macizos de áridos. Se utilizan para muros de carga y son adecuados para la mayoría de las estructuras. Los del tipo B son bloques ligeros para muros de carga y son más fáciles de manejar que los del tipo A. Los del tipo C son bloques ligeros no aptos para muros de carga, utilizados principalmente para paredes divisorias internas. Los bloques ligeros pueden ser macizos o huecos.

Baldosas para pavimentar

Baldosa rústica para pavimentar

Baldosa lisa para pavimentar

Baldosa de contorno irregular para pavimentar

Bloques para pavimentar

Bloque para borde: Para complementar los diferentes tipos de bloques de pavimentar.

Adoquín: Generalmente rectangular, aunque también existe cuadrado con otra forma.

Grava y guijarros

Grava: Piedras de hasta 20 mm de diámetro.

Guijarros: Piedras de 50 a 70 mm de diámetro.

TAMAÑOS Y CANTIDADES

Ladrillos: Un ladrillo estándar mide 215 x 102 x 65 mm, pero para calcular cantidades mida 225 x 102 x 75 mm, que es el tamaño real cuando se acaba el trabajo y en el que se incluye una unión de mortero de 10 mm. Necesitará 60 ladrillos por metro cuadrado para una pared de 102 mm de espesor, y 120 por metro cuadrado para una pared de 215 mm de espesor.

Bloques de construcción: El tamaño estándar es de 440 x 215 x 100 mm, lo que equivale a una longitud de dos ladrillos y una altura de tres ladrillos.

Bloques de piedra para paredes: La mayoría tienen una anchura de 100 mm y una altura de 65 mm (lo mismo que un ladrillo) y una longitud de 220 a 440 mm.

Bloques de celosía para paredes: Vienen en un tamaño estándar de 290 mm de lado y 90 mm de grosor.

Baldosas para pavimentar: Las baldosas de hormigón generalmente tienen un grosor de 50 mm, pero existen otros tipos hechas con material prensado y más resistentes, cuyo espesor es de 40 mm. La mayoría son cuadradas o rectangulares de un tamaño de 225 o 230 mm. Los tamaños varían desde las cuadradas de 225 mm de lado hasta las de 675 x 450 mm. Necesitará diez baldosas de 450 x 225 mm para cubrir un área de un metro cuadrado.

Adoquines: El tamaño estándar es de 200 x 100 x 50 o 60 mm, pudiendo cubrir un metro cuadrado con 50 adoquines. Existen otros tamaños, incluyendo los de 210 x 70 mm, los cuadrados de 100 mm y otras medidas intermedias.

Grava y guijarros: Para pequeñas cantidades compre sacos de 25 o 50 kg. Para cantidades mayores habrá que calcularlo por volumen (en metros cúbicos o fracciones del mismo) y se las llevará a casa su proveedor.

Materiales de construcción - 2

Además de los materiales de construcción descritos e ilustrados en las páginas 28-29, necesitará otros materiales para hacer mortero y hormigón, así como para llevar a cabo los trabajos de reparación y enlucido. Todos ellos se pueden encontrar en los mismos almacenes que los materiales de construcción, y conviene mirar varias tiendas para ver cuál de ellas tiene el mejor precio. Recuerde que los mayoristas generalmente ponen los precios sin IVA, y que al añadirlo puede hacer que un precio que aparentemente era bajo se incremente notablemente.

Cemento y áridos

Cemento: Mezclado con agua y arena para hacer mortero, y con áridos para hacer hormigón.

Arena (fina) de construcción: Añadida al cemento y agua para hacer mortero para construcción.

Arena (gruesa) para hormigón: Añadida al cemento y áridos para hacer hormigón.

Yeso

Capa de base: Mezclado con agua y utilizado como capa base sobre superficies no porosas.

Yeso de primera capa: Mezclado con agua y utilizado como primera capa para múltiples acabados en yeso.

Yeso de enlucido: Mezclado con agua y utilizado como capa externa tanto en yeso como en cartón yeso.

Yeso de una capa: Mezclado con agua y utilizado en general para reparaciones

CANTIDADES

Cemento: Generalmente se vende en sacos de 50 kg, aunque algunas tiendas de bricolaje también venden bolsas más pequeñas y manejables de 20, 25 y 40 kg. El cemento tiene que guardarse en un lugar seco y se debe utilizar antes de la fecha de caducidad que viene en la bolsa.

Áridos: Éstos se venden en bolsas de 40 o 50 kg para trabajos de pequeña envergadura y por volumen en metros cúbicos o fracciones de los mismos.

Yeso: Todos los tipos de yesos se venden en sacos de 50 kg y algunas veces en tamaño más pequeño. Un saco de 50 kg cubrirá una superficie de 7-8 m^2 para una primera capa y unos 25 m^2 si es la capa de acabado.

Preparados: Los sacos de ingredientes mezclados se pueden comprar para hacer mortero (para colocar ladrillos o enlucir) y hormigón. Son útiles para pequeños trabajos y reparaciones, pero son caros.

Trucos del oficio

Puede añadir cal en polvo o un líquido de emplaste preparado a las mezclas de mortero y hormigón para hacerlos más manejables y que retengan el agua, evitando que se sequen con demasiada rapidez y se resquebrajen. Puede encontrar otros aditivos a prueba de heladas (para utilizar en invierno), impermeables (para mejorar la resistencia a la climatología) y pigmentos (para colorear la mezcla).

Cartón yeso

Cartón yeso estándar de canto recto.

Cartón yeso antihumedad.

Cartón yeso estándar de canto afinado.

Cartón yeso hidrófugo.

Cartón yeso aislante.

Cartón yeso ignífugo.

CLASES Y TAMAÑOS DEL CARTÓN YESO

El cartón yeso consiste en una parte interior de yeso de peso ligero embutida entre dos capas exteriores de papel fuerte. Las caras con un acabado gris se supone que serán ligeramente revestidas, mientras que las caras de color marfil pueden ser decoradas directamente una vez se hayan acoplado. Estos tableros quizás estén canteados para permitir uniones con un acabado perfecto. El cartón yeso estándar o en paneles tiene una cara gris y otra de color marfil, y es el tipo más difundido. Viene en tableros de un tamaño estándar de 2,4 x 1,2 m, tanto en 9,5 como 12,5 mm de espesor. Los tableros contienen un parapeto contra el vapor con el fin de evitar que se forme condensación por detrás, o vienen con un material aislante unido a la cara posterior para utilizar en trabajos de enlucido. Otras clases de tableros incluyen las variedades hidrófugas e ignífugas.

Accesorios para enlucir

Cinta para juntas o tela autoadhesiva para tapar juntas de cartón yeso.

Sellador para rellenar juntas

Arco de escayola prefabricado: Plantilla que se acopla para formar arcos.

Emplaste para varios usos.

Masilla para sellar juntas entre paredes y madera.

Dovela: Elemento decorativo fijado a las uniones de paredes con techos.

Aglutinante para mejorar la adherencia a las superficies.

Cantonera: Protege las esquinas de yeso.

Cinta de juntas para esquinas y rincones de cartón yeso.

Cómo empezar

Antes de que vea la posibilidad de llevar a cabo cualquier proyecto, tiene que estar totalmente preparado. Esto no sólo incluye tareas básicas, como son el calcular las cantidades de los materiales, decidir el orden correcto del trabajo y planificar su horario, sino también significa comprobar si el trabajo necesita algún permiso de su Ayuntamiento y, si es así, solicitar la licencia de obra correspondiente.

Trazado de un dibujo a escala

La mayoría de los trabajos de construcción se harán más fáciles si prepara un dibujo a escala antes de empezar. No tiene por qué ser un dibujo de un estudio de arquitectura, pero sí que hay que tomar las medidas correctas y plasmarlas en el papel. Tenga en cuenta las siguientes pautas cuando realice el dibujo:

- Utilice papel milimetrado mejor que un papel en blanco.
- Compre lápices y rotuladores de punta fina, una regla y una escuadra.
- Utilice una escala cómoda; 1:20 es lo ideal para la mayoría de los proyectos.
- Dibuje el plano del suelo y los alzados si los hubiera, y utilícelo como guía para calcular los materiales.

Cálculo de materiales

Si va a realizar el proyecto usted mismo, entonces la mano de obra le sale gratis. Serán los materiales los que cuesten dinero, así que tómese un tiempo para calcular qué cantidad necesita de cada uno de los materiales que el trabajo requiere. Tenga en cuenta las siguientes pautas, que le ayudarán a preparar su lista de compras:

- Asegúrese de que conoce las dimensiones de los materiales sólidos que va a utilizar –ladrillos, bloques, baldosas de pavimentar, cartón yeso y similares– y utilice éstos como unidades de medida para calcular las cantidades necesarias.
- Respecto a los materiales que se venden sueltos y en sacos, tales como cemento, arena y yeso, mire detrás de la bolsa o pregunte al proveedor para saber qué superficie cubren y utilice esta medida para saber cuántos sacos y qué volumen de material suelto necesitará.
- Una vez tenga una lista detallada de las compras, compare precios y luego utilice la lista cuando haga el pedido al proveedor que haya elegido.
- No calcule en exceso; es un despilfarro comprar más cantidad que la de un margen pequeño de seguridad, es decir, un 5 por 100.
- No escatime, es fastidioso que se le acabe algo justo cuando las tiendas están cerrando.

Planificación del orden del trabajo

Para todos, excepto para los trabajos pequeños, desglosar el trabajo en distintas fases no sólo le ayudará a llevarlo a cabo en el orden correcto, sino que también le hará más fácil seguir el desarrollo de su labor. Los factores señalados a continuación se tienen que tener en cuenta para asegurar que el proyecto se va a realizar de la manera más eficaz y exitosa posible:

- Compruebe que cuenta con las herramientas y materiales necesarios en cada momento.
- Calcule el tiempo que necesitará para completar cada etapa a su gusto.
- Nunca subestime el tiempo necesario para tareas de bricolaje; siempre hay demoras inesperadas, problemas ocultos y otros retrasos que romperán el horario previsto, especialmente si realiza el trabajo por las noches y en los fines de semana.
- Tenga en cuenta la interrupción que producirá en las tareas diarias del hogar.

Licencia de obras

Algunos trabajos de construcción y de reforma en la vivienda necesitan una licencia de obras de su Ayuntamiento. Si tiene alguna duda, compruébelo siempre antes de empezar; si fuera necesaria la licencia y usted empezó sin que se la hubieran concedido, quizá reciba una notificación o una multa si el incumplimiento se ha descubierto dentro de los doce meses siguientes a su finalización. La norma general sobre la necesidad de licencia de obra y cómo solicitarla se explica a continuación:

- La licencia será necesaria principalmente cuando se efectúan cambios en la apariencia de la casa y su uso, así que no es muy probable que le requieran una licencia para llevar a cabo la mayoría de los proyectos descritos en este libro, a menos que se realicen alteraciones internas para un cambio de uso; por ejemplo, una habitación que se va a convertir en una oficina, o la creación de un anexo a una vivienda.
- También se requerirá licencia para efectuar alteraciones de la edificación dentro de zonas protegidas.
- Todos los ayuntamientos tienen funcionarios de urbanismo que podrán informarle si un trabajo requiere licencia o no.
- Muchas entidades de la Administración publican folletos informativos gratuitos, donde se dan las pautas generales que le ayudarán a determinar si tiene que solicitar una licencia.
- Si necesita licencia solicite el formulario correspondiente y acompáñelo de la documentación necesaria.
- Puede presentar la solicitud usted mismo o dejar que alguien lo haga por usted, por ejemplo un arquitecto o un aparejador; la ventaja de esto es que ellos están familiarizados con los procesos y conocerán los requisitos exigidos, aparte de que están cualificados para realizar los correspondientes planos.
- Por ley, una vez haya presentado la solicitud, el Ayuntamiento tiene que contestarle en el plazo de ocho semanas.
- Hasta que no se haya aprobado, no podrá empezar a trabajar, porque podría tener problemas.
- El período de validez de una licencia depende de distintos factores. Tenga en cuenta que si no ha empezado el trabajo en este plazo tendrá que hacer una nueva solicitud.

Normativa sobre edificación

Las leyes urbanísticas son de aplicación tanto a nivel local como nacional y especifican los tipos de materiales que se pueden utilizar, las dimensiones mínimas y otros requisitos esenciales que se tienen que cumplir. Aunque puede que no necesite una licencia, cualquier alteración de entidad en una vivienda está sujeta a la normativa urbanística que se indica a continuación:

- El control urbanístico atañe a la seguridad de las estructuras y a la salud de los ocupantes de la propiedad, así que muchos de los proyectos de interiores que aparecen en este libro necesitarán la aprobación del departamento de edificación correspondiente, si se van a realizar alteraciones estructurales.
- Los proyectos de exteriores en general no están sujetos al control urbanístico, pero **compruébelo siempre en su Ayuntamiento** antes de empezar el trabajo.
- La responsabilidad sobre la aplicación de la normativa urbanística recae en un funcionario municipal que controla su cumplimiento, así que pregúntele para que le asesore antes de empezar el trabajo; aunque el funcionario no le pueda recomendar un constructor, tendrá algunas ideas que usted puede incorporar a su esquema.
- Una vez haya comenzado el trabajo, es más que probable que le visite un inspector de obras para asegurarse de que se está realizando de acuerdo a la normativa vigente.
- Si el proyecto es de cierta envergadura, el inspector le visitará en diferentes fases del mismo para asegurarse de que todo está correcto; depende de usted el notificarle a su tiempo.
- Al finalizar la obra, el funcionario extenderá un certificado para refrendar que el trabajo se ha terminado de acuerdo a la normativa existente.
- Si se realiza cualquier obra que contravenga la normativa de edificación o las leyes urbanísticas, podría tener que pagar una enorme factura para dejarlo en condiciones o volver a ponerlo como estaba en un principio.
- Si todo esto puede parecer bastante desalentador, no tiene por qué serlo; simplemente contacte con la oficina de su Ayuntamiento y pídales consejo; ellos conocen mejor que usted todos los requisitos y se ahorrará esfuerzo.

Contratación de profesionales

Cuando planifique un proyecto, es importante ser consciente de sus limitaciones y estar preparado para dejar algunos trabajos a los profesionales. Quizá usted carezca de la habilidad necesaria para hacer un trabajo bien. Quizá necesite ayuda de otra persona para realizar tareas de cierta envergadura. Quizá simplemente sea consciente de que tardará mucho en finalizar un trabajo si lo realiza usted solo y a ratos perdidos. Cualquiera que sea la razón, es importante saber cómo obtener la ayuda necesaria y cómo conjugarla cuando la haya encontrado.

Buscar un contratista

Para trabajos que requieren ayuda profesional, el primer paso consiste en localizar el tipo de contratista que necesita. La lista que se da a continuación traza lás líneas generales sobre las diferentes maneras de hacer esto:

- El mejor método es por recomendación personal: pregunte a sus amigos y vecinos sobre gente que hayan contratado; de esta manera podrá encontrar un contratista de confianza que además revisará el trabajo que realizan los empleados.
- Si ninguno de sus conocidos ha contratado a la clase de profesional que está buscando, mire por la vecindad a ver si en alguna casa se están realizando obras; muchos contratistas colocan carteles o aparcan sus furgonetas en el exterior de las casas donde están trabajando, y a la mayoría de los propietarios no les importa charlar sobre los proyectos de reforma de sus viviendas y le recomendarán al contratista si le están haciendo un buen trabajo.
- Las guías telefónicas y los periódicos son el siguiente paso; en las páginas amarillas aparecen anuncios de contratistas por profesiones.
- Los anuncios son útiles porque normalmente indican si la persona o empresa son miembros de alguna asociación profesional importante, pero recuerde que tales reclamos pueden ser falsos; por eso antes de seguir compruébelo siempre contactando con la organización.
- Pregunte a las empresas con las que hable por teléfono si le pueden poner en contacto con clientes para los que hayan trabajado, al objeto de que pueda contactar con ellos personalmente para que le den referencias.
- Las organizaciones profesionales (ver página 143 para más detalles) pueden entregarle un listado de miembros que trabajan en la zona donde usted reside, y muchas también ofrecen un servicio de quejas y arbitraje por si existiera algún conflicto.

Pedir presupuesto

Una vez haya encontrado un contratista que parezca interesado en llevar a cabo el trabajo que usted quiere hacer, concierte una primera cita para que le pueda explicar el trabajo con más detalle. A continuación se da una orientación de cómo pedir, comprobar y aceptar un presupuesto:

- Entregue planos y bocetos que haya hecho e invite al contratista a que los estudie para hacer un presupuesto.
- Pida siempre dos o tres presupuestos para cualquier trabajo profesional.
- Pregunte a cada contratista cuánto durará el trabajo, hasta cuándo será válido el precio estipulado y si el precio incluye el IVA.
- Recuerde que un presupuesto (o estimación) es sólo eso, y el precio se puede alterar si usted cambia de idea en cuanto a materiales o detalles del trabajo; le darán un precio fijo sólo para trabajos relativamente sencillos y con poca variación.
- Lea cuidadosamente los presupuestos para asegurarse de que los contratistas citan todo lo que usted quiere, incluidos los productos especiales; un presupuesto excesivo puede ser una manera de que el contratista le diga que no quiere el trabajo, mientras que los bajos quizá conlleven el hecho de que el contratista utilizará materiales de inferior calidad o empleará personas sin experiencia con salario bajo.
- Cuando haya elegido al contratista, firme el presupuesto y pregúntele cuándo empezará a trabajar, cuándo se prevé la finalización, cuántos pagos hay que hacer y si la empresa tiene asegurados a los empleados y seguro de responsabilidad civil; estos seguros cubren los daños hechos en la propiedad y las lesiones causadas a los empleados o a terceras partes.

Si va a contratar a profesionales para que realicen trabajos de construcción en su vivienda, es esencial asegurar que elige a una persona o empresa competente y de reconocido prestigio, y los costes y el tiempo de ejecución se acuerdan por adelantado.

Cuando el trabajo comienza

No cometa errores pagando el trabajo antes de que comience. En los proyectos pequeños que no llevarán más de dos semanas, los contratistas esperan que les pague antes de que la obra se haya acabado. Para proyectos más largos y más complejos es normal dar un adelanto y pagar a plazos, especialmente si se van a colocar materiales caros que hay que comprarlos al principio. Las puntualizaciones que se dan a continuación le ayudarán a tratar tales puntos de la mejor manera:

- Acuerde cómo se harán los pagos antes de que empiece el trabajo, y deje el pago más importante para cuando el trabajo se haya finalizado.
- Dé instrucciones claras sobre cualquier trabajo, detallando con precisión lo que quiere que el contratista realice y qué es lo que van a hacer otros (puede planificar hacer algún trabajo usted mismo, por ejemplo); esto evita malentendidos y conflictos posteriores.
- Si es posible, no esté al lado del trabajador mientras está realizando su labor; a nadie le gusta que le estén mirando mientras trabaja, así que espere a que se vaya para inspeccionar el trabajo.
- Tenga una pequeña charla al principio o al final de la jornada para hablar sobre cómo va el trabajo, pactar cualquier variación sobre los planes iniciales y tratar cualquier queja que pudiera tener sobre el trabajo o el acabado; casi todas las cosas se pueden solucionar con acuerdos por ambas partes.
- Pague a tiempo; los contratistas también tienen facturas que pagar, y recomiéndelos a sus amigos si cree que han realizado un buen trabajo a un precio adecuado.
- Amenace con acudir a los tribunales únicamente si las cosas no se han hecho a su satisfacción una vez se haya completado el trabajo.

Seguridad en el trabajo

Cada año miles de personas resultan heridas y algunas fallecen mientras están realizando trabajos de reforma en sus viviendas. Muchos de estos accidentes se podrían haber evitado si se hubiera utilizado un equipo de protección adecuado y, sobre todo, si el equipo de acceso hubiera sido empleado con seguridad. La otra causa principal de accidentes es el simple descuido: con herramientas eléctricas, con herramientas manuales de bordes afilados y con ciertos productos de bricolaje, líquidos o en polvo, que pueden quemar la piel, dañar los ojos o producir gases inflamables o asfixiantes.

Equipamiento de protección

Se puede encontrar un variado surtido de elementos de protección para realizar tareas de bricolaje y proteger las partes vulnerables del cuerpo de peligros tales como polvo, ruido, gases, pintura vieja con plomo, escombros que caen o que saltan, materiales de construcción toscos y productos químicos. Otros artículos, como botas de trabajo y monos desechables, simplemente hacen que el trabajo de bricolaje sea más cómodo.

Guantes de protección

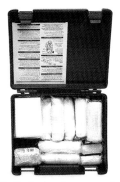

Botas de trabajo

Esté prevenido para curar pequeños cortes y arañazos, teniendo a mano en su taller un botiquín de primeros auxilios. Deberá contener un surtido variado de tiritas, gasas esterilizadas, crema antiséptica, tijeras, pinzas para sacar astillas y otros objetos que se puedan clavar, y quizá un lavaojos para enjuagar polvo y salpicaduras con agua limpia.

Kit prueba de plomo

Máscara con filtro

Casco

Rodilleras

Mascarilla

Gafas de protección

Protectores auditivos

Botiquín de primeros auxilios

Seguridad de las herramientas

Las herramientas de mano más peligrosas son aquellas que llevan cuchillas o puntos afilados. Al utilizarlas, asegúrese de que mantiene sus manos en el lado opuesto hacia el que opera la herramienta para que, en caso de que resbale, no se lesione. Tenga especialmente cuidado cuando utilice cuchillos de desbastado, los cuales causan más accidentes que ninguna otra herramienta. Mantenga las cuchillas bien afiladas; es más probable que resulte herido utilizando una herramienta despuntada, porque forzará el corte y en ocasiones puede que la herramienta patine. Utilice una piedra de aceite para afilar cinceles y

cuchillas planas, y sustituya las hojas o cuchillos y herramientas similares nada más se despunten. Guarde las herramientas que llevan cuchilla, como cinceles, cuchillos y sierras con su funda puesta.

Trate las herramientas eléctricas con cuidado. Lea las instrucciones de seguridad y funcionamiento antes de utilizarlas por primera vez, y efectúe una pequeña comprobación cada vez que utilice la herramienta para estar seguro de que la carcasa, el cable y el enchufe están en buenas condiciones. Si están dañados, repare la herramienta antes de utilizarla. Antes de conectar la herramienta, realice

siempre una doble verificación para comprobar que las cuchillas, brocas y otros accesorios están acoplados de forma adecuada y son totalmente seguros. No trate de mover o quitar ningún guardamano de seguridad. Evite llevar ropas sueltas que podrían engancharse con las piezas que están en movimiento. Lleve puesto el equipo de protección adecuado cuando esté taladrando, cortando o lijando.

Lea las instrucciones de los productos de bricolaje antes de utilizarlos. Guarde el embalaje o folletos de instrucciones en un archivo para futuras consultas. Si la letra es demasiado pequeña para leerla con claridad, boicotee el

producto y quéjese al fabricante.
No necesitará escaleras altas para los trabajos descritos en este libro, pero sí necesitará equipo de acceso para algunos de ellos, incluyendo escaleras de mano, escaleras multiuso y plataformas de trabajo de baja altura. Todo tiene que estar dispuesto en su sitio y utilizado con seguridad si se quieren evitar accidentes. Asegúrese de que cualquier equipo que compre o alquile cumple las normas de seguridad establecidas y está en buenas condiciones de uso antes de empezar a utilizarlo.

Escaleras de mano

Compruebe que la escalera está totalmente abierta y bloqueada en esa posición. Si tiene un diseño multiforme, asegúrese de que está bloqueada en el punto correcto para el trabajo que usted está haciendo. Coloque la escalera sobre una base nivelada y firme, y posiciónela delante del trabajo, no a los lados. Cuando esté encima de la escalera, tenga el asidero cogido con una mano si es posible mientras trabaja. Si no es así, apoye las rodillas contra los peldaños. Mantenga los dos pies en los peldaños. No trabaje con un pie apoyado sobre otra superficie cercana, porque en caso de que la escalera se vuelva inestable le

producirá una caída. Nunca pretenda estirarse para llegar más allá de lo que está a su alcance; bájese y vuelva a colocar la escalera si es necesario, o utilice una escalera más alta. No deje herramientas sueltas en los peldaños o plataforma, desde donde podrían caer y herirle. No suba más de una persona a la escalera, en ningún momento.

Plataformas de trabajo

Si necesita tener un acceso con una altura uniforme para llegar a una zona amplia de la pared, las escaleras de mano son un fastidio porque tiene que estar desplazándolas una y otra vez. Una solución mejor es alquilar unos caballetes ajustables de acero y tablas de andamio, y utilizarlos para montar una plataforma de poca altura que abarque el lugar de trabajo. Elija los caballetes que ajusten a la altura de la plataforma que usted requiere; existen de diferentes tamaños, desde 500 mm sobre el nivel del suelo en adelante. Necesitará un caballete cada 1,5 m. Asegúrese de que todos se encuentran nivelados y encuadrados entre sí, y ajuste las tablas de tal manera que topen unas contra otras.

Los caballetes se puede ajustar para adaptarse a la altura que cada trabajo requiera.

Ponga la escalera de mano sobre una base firme delante del trabajo.

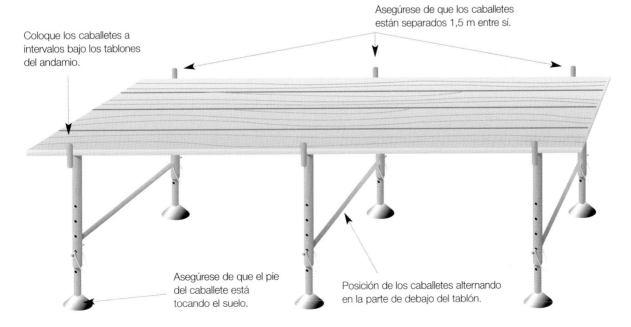

Coloque los caballetes a intervalos bajo los tablones del andamio.

Asegúrese de que los caballetes están separados 1,5 m entre sí.

Asegúrese de que el pie del caballete está tocando el suelo.

Posición de los caballetes alternando en la parte de debajo del tablón.

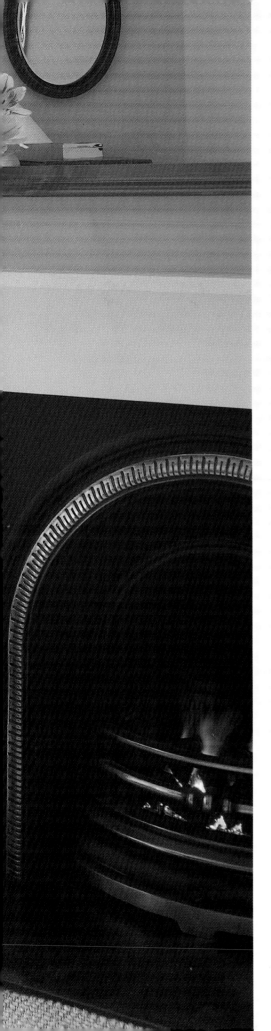

realización de cambios en interiores

Los proyectos de esta sección incluyen cambios en interiores que afectarán a la disposición del trazado de su vivienda, alterarán las zonas de paso creando nuevas puertas de acceso o bloqueando las existentes, y mejorarán su bienestar haciendo nuevas aberturas de ventanas y puertas y reabriendo o bloqueando chimeneas. La mayoría de estos trabajos son proyectos fáciles, siempre que sea un entusiasta del bricolaje con experiencia. Otros conllevan alteraciones estructurales de mayor envergadura, que necesitarán licencia de construcción y una cuidadosa mano de obra para asegurar que en ningún modo se vaya a ver afectada la estructura de la casa. A menos que haya realizado dicho trabajo con anterioridad y tenga confianza en su habilidad para llevarlo a cabo de una manera correcta y segura, le aconsejamos que llame a un profesional para que le ayude.

La apertura de una chimenea en desuso puede añadir un punto de atención especial a una habitación, tanto si se instala fuego real como si no.

Construcción de una pared divisoria con bloques ↗↗↗

Si necesita dividir una habitación que se encuentra en el piso bajo, la mejor solución es construir una pared divisoria de fábrica utilizando bloques de peso ligero. Con ello se crea una pared resistente con excelentes cualidades antirruido y que ofrece una estructura a la que se pueden fijar otras paredes u otros ajustes en cualquier punto. Se puede construir directamente sobre un suelo de hormigón; los suelos de madera necesitarán refuerzo para poder aguantar el peso de la estructura (ver trucos del oficio más abajo).

👍

Trucos del oficio

Si el suelo es de madera, levante las tablas para poder acceder a la parte hueca inferior. Construya una pared durmiente de ladrillo hexagonal sobre el hormigón existente para apoyar las vigas que llevarán el peso de la pared. Déjelo que se endurezca durante 48 horas antes de empezar a construir la nueva pared de partición.

Herramientas necesarias

Plomada y cordel

Lápiz

Cinta métrica

Nivel de burbuja

Taladradora sin cable

Broca para muro

Llave inglesa o destornillador

Martillo

Cuerda y clavos de albañilería

Paleta de albañil

Paletín

Maza

Cincel de ladrillo

Gafas protectoras

Guantes

1 Utilice la plomada, el cordel y el lápiz para marcar una línea vertical en la pared junto a la que se construirá el nuevo tabique, con el fin de señalar la posición del perfil de metal que fijará la nueva pared a la ya existente. Mantenga la barra de perfil junto a la pared, comprobando con el nivel que esté vertical; luego marque y taladre un agujero en cada posición de fijación, utilizando el tamaño de broca para muro recomendado por el fabricante del perfil.

2 Inserte un fijador en cada agujero y apriételo. Los fijadores que vienen con los perfiles varían, y puede que sea un tirafondo con arandela o un tornillo de diámetro grande. Utilice una llave inglesa para ajustar el primero, y un destornillador para el último. Compruebe con un nivel que el perfil está vertical, y coloque cartulina o cartón de empaquetado donde queden zonas huecas entre el perfil y la pared. Repita el proceso fijando otro perfil en la pared de enfrente, alineado con el primero. Dibuje una línea sobre el suelo que conecte el centro de los perfiles.

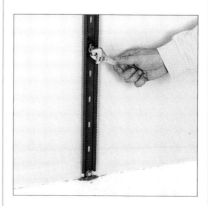

3 Coloque un bloque junto al primer perfil de manera que sobresalga del mismo en igual longitud por cada lado. Marque la posición de una de las esquinas en la pared, retire el bloque y

clave un cordel en la pared sobre el punto marcado. Llévelo a través de la habitación y fíjelo a un clavo situado en la posición equivalente junto al otro perfil.

4 Utilice una paleta para extender una franja de mortero sobre el suelo junto al primer perfil. Deberá ser un poco más larga y más ancha que el bloque que va a utilizar, y tener el grosor suficiente como para que quede de unos 10 mm cuando el bloque se coloque y comprima sobre la argamasa.

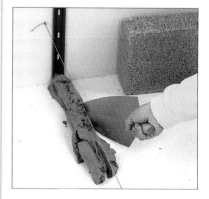

5 Utilice un paletín para extender una capa de mortero de 50 mm de grueso sobre en borde del primer bloque, un proceso conocido como embadurnado

6 Ponga el bloque en posición horizontal y colóquelo en su sitio sobre el lecho de mortero, empujándolo contra el perfil para que el exceso de mortero salga de la junta. Compruebe que la cara del bloque está correctamente alineada con el cordel y ajústelo si fuera necesario.

7 Golpee el bloque con la punta del mango de la paleta para asentarlo en el lecho de mortero. Esto echará fuera el exceso de mortero, dejando un lecho de junta de unos 10 mm de grosor. Compruebe que el bloque sobrepasa el perfil en igual longitud a cada lado y ajústelo si es necesario.

8 Utilice un nivel para comprobar que el bloque está nivelado y la cara queda vertical. Apriete el bloque dentro del mortero si es necesario. Repita los pasos 4 a 8 para colocar más bloques uno a uno en toda la habitación. Vaya recogiendo el exceso de mortero de la junta según va trabajando y échelo en el siguiente bloque. Si necesita cortar un bloque para completar la primera hilada, córtelo como en el paso 10 y colóquelo en el sitio junto al perfil.

9 Con la primera hilada completada, extienda mortero encima del primer bloque, de unos 20 mm de espesor. Coloque uno de los ganchos que vienen con el perfil y eche mortero encima. Esto hará que se incorpore la nueva estructura al perfil según se va levantando.

10 Comience la segunda hilada con medio bloque. Marque la línea cortadora sobre la cara del bloque y córtelo con un cincel de ladrillo y una maza. Corte una ranura a lo largo de la primera línea, luego reposicione el cincel en el centro de la línea y golpéelo más fuerte para partir el bloque.

11 Embadurne con mortero el bloque y posiciónelo de nuevo junto al perfil, como en los pasos 5 y 6. Vuelva a colocar el cordón enrasado con el borde superior. Continúe la segunda hilada en bloques enteros, cortando el bloque final para ajustar al hueco si es necesario. Tendrá que instalar un perfil en la pared opuesta también. No coloque más de cinco hiladas en un día o el peso de los bloques forzará al mortero para que salga fuera de las juntas. Corte bloques para la hilada final, a la anchura requerida a fin de ajustar el hueco que queda para llegar al techo.

ABERTURA DE PUERTAS

Marque sobre el suelo la posición donde se va a ubicar la abertura de la puerta; lo ideal es que la longitud desde la primera pared coincida con un número exacto de bloques, y coloque los bloques hasta la primera marca. Mida la anchura del marco de la puerta y coloque el siguiente bloque al otro lado del hueco. Complete la primera hilada, luego suba el resto de la pared a la altura del marco de la puerta. Ponga un dintel atravesado en el vano (ver páginas 44-45) y complete la pared.

Eliminación de una pared de fábrica ⁄⁄⁄⁄

Antes de planificar el quitar parte o la totalidad de una pared de fábrica, es esencial contar con el asesoramiento profesional de un constructor o un aparejador. El primer paso es comprobar si la pared es un muro de carga, es decir, que lleva el peso de las vigas del suelo y otras paredes de la habitación que se encuentra encima. Después hay que determinar la clase y el tamaño de la viga que se necesita para soportar ese peso, una vez se haya eliminado la pared. El trabajo requiere una licencia de obra de su Ayuntamiento.

No es frecuente suprimir una pared entera, porque esto puede afectar a la estabilidad de las paredes perpendiculares a la misma. En lugar de eso, se deja un pilar de albañilería a cada lado de la habitación para soportar los extremos de la viga, generalmente una viga de acero de doble T si la pared es un muro de carga. Esta viga se suele encajar con su borde superior al nivel del techo, soportando las vigas del suelo, pero se puede instalar a inferior altura. De cualquier modo, el primer paso es quitar el enyesado de la pared a lo largo de la línea de la viga para dejar al aire la estructura de la pared y descubrir si está construida de ladrillos o de bloques. Cuando se ha decidido la altura a la que irá la viga, el segundo paso es retirar los ladrillos o bloques y hacer unos agujeros en la pared a través de los cuales pueda insertar unos soportes de madera resistente llamados cabios. Éstos se insertan junto al techo (o la parte superior de los agujeros) utilizando puntales de acero ajustables. Cuando se ha colocado esta estructura de apoyo, puede comenzar el trabajo de insertar la viga y demoler la pared.

Realización de la abertura

Retire los muebles y coberturas de suelo que se encuentran a ambos lados de la pared. Apile los muebles cubriéndolos con sábanas para evitar el polvo y enrolle las alfombras u otros cobertores de suelo, alejándolos de la zona. Asegúrese de que dentro de la habitación tiene todas las herramientas, equipo y materiales necesarios para realizar el trabajo; luego cierre las puertas para que el polvo no se vaya al resto de la casa.

1. Marque la abertura en la superficie de la pared y quite el yeso a cada lado de la misma para dejar al aire ladrillos o bloques. Si el tamaño de la abertura no es determinante, ajuste su posición para que coincida con los extremos de ladrillos o bloques.

2. Haga agujeros en la pared a la altura elegida para soportar las agujas. Si la abertura no coincide con las juntas verticales de la fábrica, alquile una herramienta llamada cortador de pared para hacer la abertura. Esta herramienta corta a través de paredes de hasta 250 mm de grosor.

3. Inserte los cabios y coloque un puntal bajo cada extremo. Ponga los extremos de los puntales sobre la tarima de un andamio, para repartir la carga en un suelo de madera.

4. Tense los puntales para soportar los cabios.

5. Comience cortando ladrillos o bloques en la parte superior de la nueva abertura. Trabaje hacia abajo la pared, poco a poco, cortando los ladrillos o bloques que sobresalgan de la abertura. Recoja y guarde las tablas.

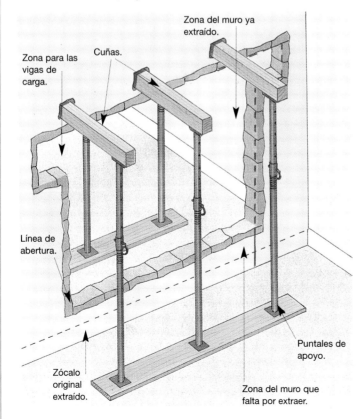

Zona del muro ya extraído.

Cuñas.

Zona para las vigas de carga.

Línea de abertura.

Zócalo original extraído.

Puntales de apoyo.

Zona del muro que falta por extraer.

Obviamente necesitará ayuda para levantar la viga y ponerla en su sitio; lo ideal sería contar con dos personas más. Lleve la viga dentro de la habitación y colóquela cerca de la pared. Corte ladrillos o bloques a cada extremo para crear un soporte para los extremos de la viga. Inserte una almohadilla de piedra a cada lado si se lo ha aconsejado el profesional; entonces compruebe todas sus medidas antes de proceder.

1. Levante la viga al nivel de los cargaderos y deslícela en su sitio. Asegúrese de que la escalera o apoyos que usted está utilizando son lo suficientemente fuertes para soportar el peso.

2. Ponga cuñas de madera entre el cargadero y la parte inferior de la viga para forzarla a ceñirse hacia arriba junto a las vigas de albañilería o de techo que sujetará. Compruebe que la viga está nivelada y superpuesta sobre los cargaderos a la misma distancia en cada extremo.

3. Ponga mortero en el hueco entre el cargadero y la parte inferior de la viga. Inserte unas piezas de pizarra en el mortero si el hueco es mayor de 25 mm.

4. Vuelva a situar tres de los puntales, dos cerca de los extremos y uno en el centro, para sujetar la viga. Saque los cabios y arregle los agujeros.

5. Componga los lados de la abertura y enyéselos. Pasadas 48 horas, quite los puntales y revista la viga con cartón yeso, para protegerla del fuego (ver abajo para más detalles).

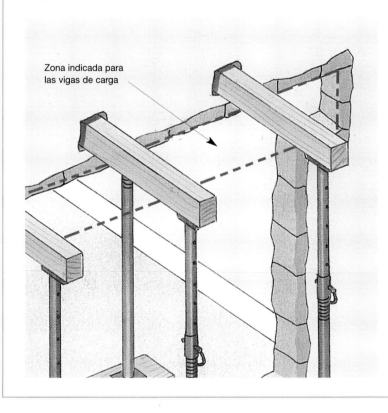

Zona indicada para las vigas de carga

PUNTOS A RECORDAR

Existen varios aspectos importantes sobre el procedimiento y las precauciones que hay que tener en cuenta cuando se derriba una pared. Ignorarlos significa ponerse en peligro.

Cabios y puntales: El tamaño y el espaciado de los cabios y puntales depende de la carga que tengan que soportar; por este motivo debería preguntar a un profesional para que le asesore sobre los detalles. Los cabios se deberían situar debajo de la parte central de un ladrillo o bloque, no debajo de una junta. Los puntales ajustables de acero se pueden alquilar y los hay de cuatro tamaños diferentes. Elija el tamaño que mejor se acople a la altura del techo cuando esté parcialmente extendido. Si la habitación en la que va a trabajar tiene un suelo de madera flotante, alquile tablones de andamio sobre los que colocará los puntales y en los que se distribuirá el peso.

Cambio del recorrido de los servicios: Si existe un radiador en la pared que piensa demoler, desconéctelo y cambie el recorrido de la fontanería hacia la posición del nuevo radiador antes de comenzar con el trabajo de demolición. Desconecte y cambie el recorrido de cualquier cable eléctrico o enchufe sobre la pared afectada.

Revestido de la viga: Para proteger la viga de un posible incendio, debe estar totalmente revestida de cartón yeso. Coloque cuñas de madera a los lados de la viga, luego clave listones de madera que formen un armazón para el cartón yeso. Clave los tableros a los listones y aplique una capa de enlucido para completar el trabajo.

Equipamiento de protección: Utilice casco, gafas protectoras, mascarilla, guantes y botas fuertes cuando esté demoliendo la pared, para protegerse de los cascotes que caigan y de la enorme cantidad de polvo que este tipo de trabajo genera. Vaya retirando los escombros según se van produciendo; lo ideal sería echarlos a través de una ventana o una puerta que dé al exterior en una de las habitaciones, si es que existe. Échelos directamente de un golpe porque así no tiene que llevar una carretilla por toda la casa.

Adición de una puerta interior ⟋⟋⟋⟋

Crear una abertura en una pared de obra para instalar una puerta nueva es como eliminar una pared (páginas 42-43), pero a escala reducida. La fábrica sobre el nuevo hueco tiene que estar sujetada con un dintel, tanto sea la pared un muro de carga o no. Sin embargo, a menos que la abertura sea más ancha que una puerta estándar, no necesitará consejo profesional al elegir y medir el dintel, aunque sí necesitará licencia de obra antes de proceder con el proyecto.

Empiece decidiendo el tamaño y posición aproximada de la nueva puerta, luego compre la puerta y el marco para que pueda utilizar éste como plantilla para hacer la abertura sobre la superficie de la pared. Retire el yeso de la parte alta y a los lados de la abertura para que quede al aire el enladrillado que hay debajo, y ajuste la posición del marco para que coincida con las uniones verticales entre los ladrillos o bloques a un lado de la abertura. Esto reducirá la cantidad de cortes necesarios para crear la abertura. Al mismo tiempo, retire el yeso sobre la abertura para que pueda localizar y cortar dos ladrillos o bloques e insertar los cabios de madera para que lleven el peso de la pared mientras corta la abertura. Éstos se deberían colocar al menos un bloque o tres ladrillos por encima de la parte alta de la puerta prevista. Una vez se han insertado los cabios y se han asegurado con puntales (ver página 42), puede empezar con el trabajo y colocar el dintel.

Realización de la abertura

Retire todos los muebles que estén colocados a ambos lados de la pared, enrolle las alfombras y proteja cualquier otra cobertura de suelo que esté fija con sábanas, para evitar el polvo.

Ponga todas las herramientas y materiales que necesite para el trabajo en la habitación; luego cierre las puertas para evitar que el polvo se extienda por toda la casa.

1. Utilice el marco de la puerta como plantilla para marcar el perfil de la abertura en la pared. Retire el yeso que se encuentra alrededor de esta línea a cada lado de la pared, para encontrar las juntas verticales entre ladrillos o bloques. Si la posición de la puerta no es determinante, reposicione el marco para que un lado coincida con estas juntas.

2. Corte los ladrillos o bloques para hacer agujeros para los cabios, uno sobre cada lado de la abertura propuesta.

3. Inserte los cabios y coloque un puntal bajo cada extremo. Coloque los extremos de los puntales sobre un tablón de andamio, para que se reparta el peso sobre un suelo de madera.

4. Ajuste los puntales para que sujeten los cabios.

5. Corte los ladrillos o bloques en la parte alta de la abertura utilizando un cincel y una maza. Luego siga por el resto de la pared hilada a hilada, cortando aquellos ladrillos o bloques que sobresalgan. Quite el zócalo y continúe demoliendo la fábrica hasta el nivel del suelo.

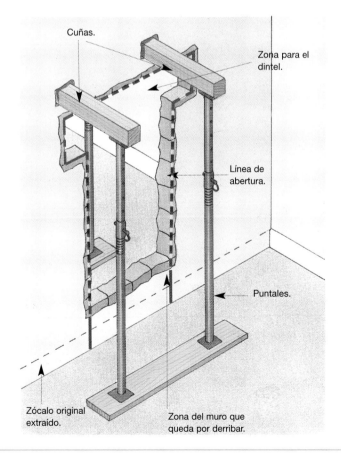

Cuñas.

Zona para el dintel.

Línea de abertura.

Puntales.

Zócalo original extraído.

Zona del muro que queda por derribar.

A menos que el hueco de la puerta que va a crear sea más ancho que el tamaño estándar, puede instalar el nuevo dintel de acero sin ayuda. Sin embargo, un par de manos extras serán útiles para ubicar el dintel con precisión. Necesita un dintel de

1.050 mm de largo para llenar el hueco de la abertura de una puerta estándar. Inste a su proveedor para que le aconseje sobre el tipo correcto que ha de utilizar, dependiendo de si la pared es de ladrillos o de bloques.

1. Corte los ladrillos o bloques en las esquinas de la abertura para que alojen los extremos del dintel; luego apoye el marco poniendo cuñas a los lados.

2. Suba el dintel hasta su sitio en la parte alta del marco, asegurándose de que quede en el alojamiento a la misma distancia por cada lado.

3. Coloque trozos de ladrillo o bloques debajo de los extremos del dintel para apoyarlo, al objeto de que en la parte alta del marco quede un espacio de 3 mm. Compruebe que está nivelado; luego rellene el hueco de los extremos con mortero.

4. Si fuera necesario, utilice trozos de ladrillos o bloques cortados para llenar cualquier hueco que quede entre la parte alta del dintel y la pared que queda por encima de él. Déjelo que se asiente durante 24 horas, luego retire los cabios y tape los agujeros.

5. Asegure el marco utilizando tres fijadores de marco dentro de la pared a cada lado. Rellene los huecos entre el marco y la pared con mortero o sellador de espuma.

6. Arregle el yeso alrededor del marco, dejándolo listo para que se cuelgue la puerta y que el arquitrabe se ajuste alrededor de ambos lados de la abertura.

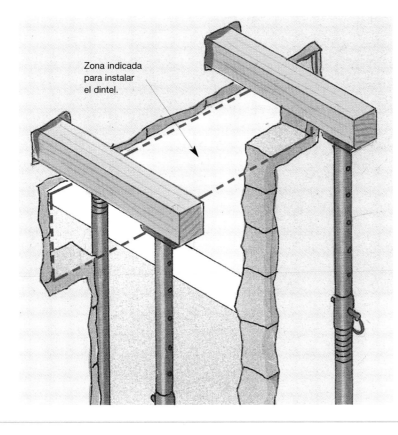

Zona indicada para instalar el dintel.

PUNTOS A RECORDAR

Existen varios aspectos importantes sobre el procedimiento de actuación y las normas de seguridad que hay que tener en cuenta cuando se elimina una pared. El ignorarlos puede ser una cuestión peligrosa.

Cabios y puntales: Necesitará dos cabios y cuatro puntales. Los cabios se deben situar debajo del centro de un ladrillo o bloque, no debajo de una junta. Los puntales ajustables se pueden alquilar. Elija el tamaño que se ajuste lo más posible a la altura del marco cuando esté parcialmente extendido. Si la habitación en la que está trabajando tiene suelo de tarima, alquile tablas de andamio sobre las que colocar los puntales y repartir la carga.

Tipos de dinteles: Los dinteles para puertas se fabrican en varios modelos. Los dinteles de acero de canto estriado o liso son los más fáciles de instalar. Un dintel de hormigón de 100 x 65 mm puede ser una alternativa, pero es mucho más pesado. Pregunte al proveedor de materiales de construcción para que le aconseje, una vez conozca el tipo de construcción de la pared.

Reinstalación de los servicios: Si hay un radiador en la pared que piensa quitar, desconéctelo y vuelva a instalar las tuberías en el lugar donde irá el nuevo radiador antes de empezar el trabajo de demolición. Igualmente, desconecte y vuelva a instalar los cables

de electricidad para que no queden llaves de luz ni enchufes en la pared afectada.

Equipo de protección: Utilice casco, gafas protectoras, mascarilla, guantes de trabajo y botas fuertes cuando proceda a demoler la pared, para protegerse de los escombros que caigan y las inmensas cantidades de polvo que el trabajo genera. Retire los cascotes según va sacándolos; lo ideal sería echarlos a través de una ventana o puerta que dé al exterior en una de las habitaciones, si existe. Échelos directamente a un contenedor para que no tenga que llevar una carretilla por toda la casa.

Realización de una abertura exterior ⤢⤢⤢⤢

Instalar una ventana o una puerta exterior donde no existe es una labor más complicada que hacer una abertura en una pared interior, porque el grosor de la pared exterior es mucho mayor. Tendrá que averiguar si su casa se ha construido con paredes macizas o con paredes huecas, para conocer cuál será la clase de dintel que tiene que utilizar. Por ello necesitará asesoramiento profesional, porque esta cuestión va más allá de la capacidad de cualquier aficionado con experiencia.

Antes de que pueda instalar una ventana o una puerta nuevas, compruebe en su Ayuntamiento si existe alguna restricción respecto a la posición de la misma. No se permitirá abrir una ventana si da a otras de la casa de al lado, o si va a haber grandes alteraciones en la apariencia de la casa, especialmente en los

edificios históricos o en zonas protegidas. Si decide seguir adelante, también necesitará sacar una licencia de construcción.

Elija el estilo de la nueva ventana o puerta cuidadosamente para que iguale lo más posible en estilo y proporciones con las existentes. Existe una amplia variedad de tamaños y

estilos en las ventanas estándar. También podría pedir a un carpintero que le haga una ventana a medida, pero esto será más caro que comprar una en la tienda.

Si la nueva ventana se va a abrir en la planta de arriba, necesitará colocar andamios en el exterior de la casa para formar una plataforma de trabajo.

Realización de la abertura

A menos que su casa tenga paredes macizas, tendrá que hacer la abertura en dos etapas. Sitúela de tal manera que los lados del marco estén alineados con las juntas verticales de los ladrillos, si es posible. Marque las dimensiones de la puerta o la ventana en la pared y taladre agujeros que la traspasen hacia

el interior con una broca para muros. Con esto se transferirá el mismo tamaño a la cara interna de la pared. Una los cuatro agujeros de taladro con líneas de lápiz.

1. Coloque puntales ajustables con un tablón de andamio sobre ellos para soportar el

techo encima de la abertura. Ponga los pies de los andamios sobre otro tablón en el suelo si éste es del tipo de madera flotante.

2. Retire el yeso de la parte alta de la abertura prevista y en los lados, trabajando por la línea de lápiz. Derribe la hilada de ladrillos o bloques en la parte alta de la abertura.

3. Vaya demoliendo la pared hilada a hilada, cortando los ladrillos o bloques que sobresalgan. Continúe hasta que alcance la parte del alféizar de la ventana o el nivel del suelo de la puerta. Quite la cavidad aislante.

4. Ajuste dos o tres soportes de pared dentro de la abertura en la hoja interna de la pared, con las hojas horizontales metidas en la junta de mortero en la hoja externa que formará la parte alta de la abertura. Coloque un puntal de acero extensible entre cada soporte y el alféizar, y ténselo totalmente.

5. Quite los ladrillos fila a fila, hasta que la abertura quede limpia.

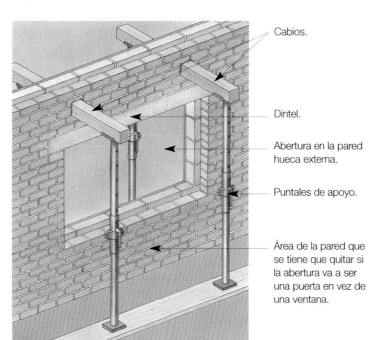

Cabios.

Dintel.

Abertura en la pared hueca externa.

Puntales de apoyo.

Área de la pared que se tiene que quitar si la abertura va a ser una puerta en vez de una ventana.

Puede utilizar dos tipos de dinteles para sujetar una pared hueca: Uno tiene forma de U invertida en sección cruzada, mientras que el otro tiene sección cruzada con un fino triángulo rectángulo. La U o parte triangular se ajusta dentro de la cavidad, y la base plana de cada dintel descansa sobre la fábrica a cada lado de la abertura. Ambos se revisten con aislante de polietireno antes de instalarlos, para evitar que actúen como transmisores de frialdad y produzcan condensación. En las aberturas en paredes macizas exteriores se debería colocar un dintel de acero. El método de instalación es el mismo.

1. Abra un hueco a cada lado de la abertura, de al menos 150 mm de ancho, para que hagan de soporte a los extremos del dintel.

2. Retire los apoyos de la pared y coloque el dintel en su sitio. Compruebe que está nivelado y que se apoya sobre los cargaderos a la misma longitud por cada lado.

3. Calce el dintel en cada extremo para que quede en contacto con la fábrica de ladrillo o de bloque sobre la abertura. Ponga dos puntales dentro de la abertura para sujetarlo.

4. Eche mortero en el hueco entre los cargaderos y el dintel, y déjelo que se endurezca durante 24 horas. Inserte unas piezas de pizarra si el hueco es mayor de 25 mm.

5. Quite los puntales y arregle la parte alta de la abertura, por dentro y por fuera, para que se quede lista para acoplar la nueva ventana o puerta.

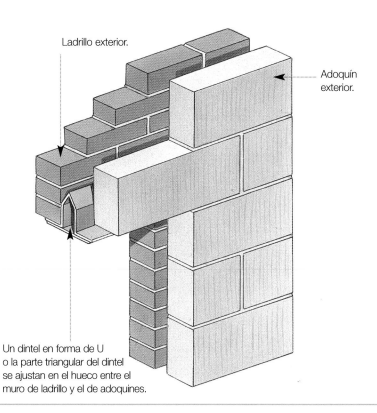

Ladrillo exterior.

Adoquín exterior.

Un dintel en forma de U o la parte triangular del dintel se ajustan en el hueco entre el muro de ladrillo y el de adoquines.

PUNTOS A RECORDAR

Hay varios puntos importantes que hay que tener en cuenta sobre el procedimiento a seguir y seguridad cuando se crea una nueva abertura en una pared externa.

Apoyos y puntales: Los apoyos de la pared se deberán situar para que coincidan con el centro del ladrillo o bloque y no con la junta. Los puntales extensibles de acero se pueden alquilar y los hay de cuatro tamaños. Elija el tamaño que mejor se acople a la altura del techo cuando esté extendido parcialmente. Si la habitación en la que va a trabajar tiene suelo de madera suspendida, alquile tablones de andamio sobre los que colocar los puntales para que el peso se reparta. Coloque otro tablón en el alféizar o umbral sobre el que los puntales sujetan la pared.

Cerramiento de la cavidad: Coloque capas aislantes verticales junto a la cara interna de la hoja exterior a cada lado de la abertura antes de bloquear la cavidad con trozos de bloques para paredes. Ajuste una capa aislante horizontal en el alféizar antes de instalar el marco de la ventana o puerta.

Recorrido de los servicios: Si hay un radiador sobre la pared que planea eliminar, desconéctelo y cambie el recorrido de las tuberías hacia la posición del nuevo radiador antes de empezar el trabajo de demolición. Igualmente, desconecte y vuelva a instalar los interruptores o puntos de luz en la pared afectada.

Equipamiento de protección: Lleve casco, gafas de protección, mascarilla, guantes y botas fuertes cuando derribe la pared, para protegerse de escombros que caigan y la gran cantidad de polvo que se generará. Vaya quitando los cascotes según va trabajando para que no sea un caos. Cuando derribe la hoja externa de la pared, eche los escombros fuera.

Clausura de una puerta ⚒

Si ha modificado el trazado de su casa creando una habitación de paso o una puerta nueva, quizá no tenga que utilizar más la puerta que había. Al condenarla quedará un espacio valioso en la pared de las dos habitaciones conectadas a través de la puerta. A menos que la pared sea divisoria de bastidor de madera, la mejor manera de taponar la abertura es utilizando bloques ligeros. Si lo hace con cuidado, la reparación no se notará.

Herramientas necesarias

Destornillador

Palanqueta

Taladradora/destornillador sin cable

Broca pasamuros

Paleta

Paletín

Nivel de burbuja

Maza

Cincel para ladrillo

Esparavel

Llana de enlucir

Gafas de protección

Guantes

1 Comience desatornillando la puerta de las bisagras (o las bisagras del marco, lo que sea más fácil) y colóquela a un lado. Quite con una palanqueta las jambas insertando el extremo recto de la barra entre el marco de la puerta y la fábrica, apalancando hacia fuera. Probablemente habrá sido fijada con clavos, los cuales saldrán de la madera según vaya apalancando el marco. Repita sobre el otro lado. El dintel saldrá y caerá en el momento en que quite el otro lado.

2 Es importante trabar los nuevos bloques en la fábrica existente para reforzamiento y estabilidad. Puede comprar ensamblajes de pared diseñados específicamente para este trabajo. Se deberán insertar a intervalos a cada lado de la abertura para que se acoplen en la hilada de mortero de los bloques nuevos. Con bloques estándar de 215 mm de altura, tiene que taladrar los agujeros distanciados 225 mm para salvar la junta de mortero de 10 mm de espesor entre ellos.

3 Inserte un taco en cada agujero y atornille con los dedos todo lo que pueda. Con un destornillador cruzado para hacer palanca entre los brazos del ensamblaje dé las últimas vueltas para que quede una fijación segura.

4 Mezcle un poco de mortero y utilice una paleta para extender un lecho del mismo a través de la abertura. La franja deberá ser un poco más ancha que el bloque y de grosor suficiente para que quede una junta de unos 10 mm de espesor.

5 Extienda mortero en forma de cono en un extremo del primer bloque con un paletín. Si se cae fuera, humedezca un poco el mortero. Necesita una cantidad suficiente para formar una junta de un grosor de 10 mm cuando está comprimido.

6 Sitúe el primer bloque sobre el lecho de mortero con su extremo por debajo del primer ensamblaje de la pared y apriételo contra la fábrica existente. Golpéelo y utilice un nivel

para comprobar que está nivelado y perfectamente vertical. Complete la primera hilada con un segundo bloque cortado al tamaño adecuado. Complete el resto de hiladas, rellenando los huecos entre la última hilada y el dintel con bloques cortados a la altura necesaria. Enyese la nueva pared (vea a la derecha, pasos 4-7).

PUNTOS A RECORDAR

Corte de bloques: Marque la línea de corte sobre la cara del bloque; luego utilice un cincel y maza para hacer una hendidura. Coloque el cincel sobre la hendidura y golpéelo más fuerte para que el bloque se parta. Utilice gafas para proteger los ojos.

Suelos de madera: Si el suelo existente en el lugar donde se va a cerrar el hueco es del tipo de tarima flotante, atornille un listón de madera de 100 x 50 mm sobre el umbral para que actúe como pie de base para los nuevos bloques. Así se eliminará cualquier riesgo de que los tablones se muevan o que los bloques nuevos se rompan.

Remate: Después de aplicar la capa de acabado de yeso, coloque un listón de madera en el suelo, con los extremos descansando a cada lado de enlucido existente. Muévalo rozando la pared de lado a lado para quitar el exceso de yeso. Utilice una llana mojada para dar al yeso un acabado liso. Si la junta entre el enlucido viejo y el nuevo todavía es visible, alísela con una lijadora orbital.

Cerramiento de la abertura: método alternativo

Si la pared existente se construyó con bloques, una alternativa para utilizar ensamblajes en el marco es quitar los bloques cortados en filas alternas a cada lado de la abertura. Puede enlazar los nuevos bloques con la estructura, como si siempre hubieran formado parte de la pared. Todavía tendrá que cortar bloques para completar cada hilada del tabique. Alterne la posición de los bloques cortados a derecha e izquierda en hiladas consecutivas para evitar que coincidan las juntas verticales.

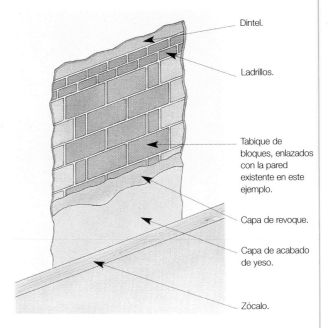

Dintel.

Ladrillos.

Tabique de bloques, enlazados con la pared existente en este ejemplo.

Capa de revoque.

Capa de acabado de yeso.

Zócalo.

1. Después de retirar los bloques a cada lado de la abertura, rellene la primera hilada como se muestra en los puntos 4-6 de la secuencia de fotografías. Complete la hilada con un bloque partido si fuera necesario.

2. Extienda mortero encima de la primera hilada y ponga la segunda hilada de bloques, colocando el primer bloque en el lado opuesto al primer bloque en la hilada de abajo, para que las juntas verticales queden contrapeadas. Complete la hilada con otro bloque cortado.

3. Añada tantas hiladas de bloques como pueda. Tape el agujero entre la última hilada y el dintel con ladrillos o piezas de bloque cortadas a la altura requerida.

4. Aplique una capa base de yeso a ambos lados de la pared, dejando la zona a unos 3 mm por encima del nivel del yeso de alrededor. Rasque la superficie con la punta de una llana para dejar bien la capa de acabado. Déjelo que se endurezca durante dos horas.

5. Aplique una capa de enlucido sobre la capa base, sobrepasando la zona ligeramente; luego alísela (ver cuadro de Puntos a Recordar) y pula la superficie con una llana mojada.

6. Coloque un zócalo que iguale al existente en ambos lados de la pared, utilizando tornillos o clavos.

7. Vuelva a redecorar cuando el yeso se haya secado totalmente.

Reabertura de una chimenea en desuso

Si su casa cuenta con una chimenea que se cegó cuando se pasó de moda el uso de las chimeneas, restablecerla es un trabajo relativamente fácil. La cantidad de trabajo que conlleva depende de cómo se tapó el hueco y de si el retablo trasero se quitó o se dejó en su sitio. Reabrir una chimenea es bastante lioso, por lo que tiene que enrollar la alfombra y poner una sábana en el suelo antes de empezar a trabajar.

Tirar el muro

Golpee la parte frontal del antepecho de la chimenea para averiguar si el muro es macizo o hueco. Retire el rodapié que se encuentra delante del antepecho de la chimenea, guardándolo para volverlo a colocar a los lados de la nueva chimenea. Debería haber un ladrillo hueco o de ventilación en el antepecho de la chimenea para ventilar el tiro. Empiece quitando este ladrillo; derribe los ladrillos de un muro macizo y desatornille el elemento de ventilación metálico o de plástico del antepecho. Luego introduzca una linterna para ver si el retablo trasero está todavía ahí. Si es así, lo único que tendrá que hacer es dejarlo en buenas condiciones para cuando se haya reabierto el hueco. Si no estuviera, tendrá que comprar uno y colocarlo en su sitio, o pida que se lo haga un albañil.

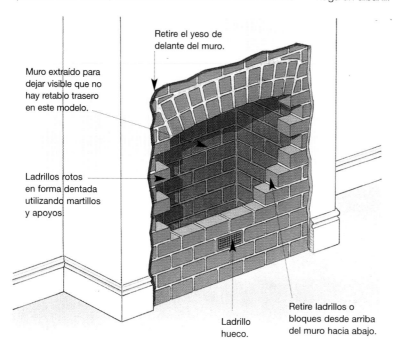

Retire el yeso de delante del muro.

Muro extraído para dejar visible que no hay retablo trasero en este modelo.

Ladrillos rotos en forma dentada utilizando martillos y apoyos.

Ladrillo hueco.

Retire ladrillos o bloques desde arriba del muro hacia abajo.

1. Retire el enlucido del tabique hasta el nivel del zócalo, trabajando desde el centro del antepecho hacia fuera. Con esta operación se dejarán al aire los bordes del muro.

2. Quite el enlucido de los lados del tabique hasta su parte alta, donde el muro estará acoplado junto al dintel de la chimenea original.

3. Si no existiera ladrillo de ventilación por donde empezar, retire el ladrillo o bloque que se encuentre en una de las esquinas del tabique. Quite con el cincel las juntas de mortero después de taladrar una serie de agujeros y levántelo.

4. Trabaje a lo ancho y hacia abajo del tabique, quitando los bloques o ladrillos de uno en uno. Si el retablo trasero sigue ahí, tenga cuidado de no golpear la albañilería que lo circunda porque se puede romper. Vaya quitando los escombros según va trabajando.

5. Si el tabique se ha unido a la fábrica a cada lado de la abertura, córtelo para que se quede enrasado con la fábrica original, utilizando cincel para ladrillo y maza.

DESMANTELAMIENTO DEL TABIQUE

Haga unos taladros sobre el tabique para comprobar si se acopló una plancha de cartón yeso o un tablero de madera prefabricado. Si es cartón yeso y no hay que quitar ninguna pieza de ventilación, haga un agujero en el centro del panel con un martillo y simplemente tire del cartón yeso para sacarlo. Si se utilizó contrachapado u otro tipo de tablero, inserte un serrucho de punta o la hoja de una sierra de calar en el agujero taladrado y vaya cortando en dirección a los bordes del tabique. Retire los trozos de tablero. Luego observe si los listones del bastidor están sujetados a los laterales de la oquedad, y quite los tornillos que vea. Si no hubiera tornillos, estará sujeto con clavos para muros y tendrá que retirar los listones ayudándose de una palanqueta.

Si el retablo trasero original permanece en su sitio, quizá tenga que arreglarlo un poco. Si falta, obviamente tendrá que comprar uno e instalarlo. Empiece midiendo la anchura de la abertura y pida un nuevo retablo trasero que se ajuste al hueco. La anchura estándar de los retablos traseros es de 400 y 450 mm, pero se pueden encontrar más grandes si quiere un retablo trasero más llamativo. También necesitará un poco de mortero ligero (hecho con vermiculita y cal), un poco de cartón rizado, tela ignífuga, cascotes de ladrillo (utilice trozos de la parte antes derribada) y cemento refractario.

El repecho de mortero en la parte alta del retablo dirige el humo hacia el tiro.

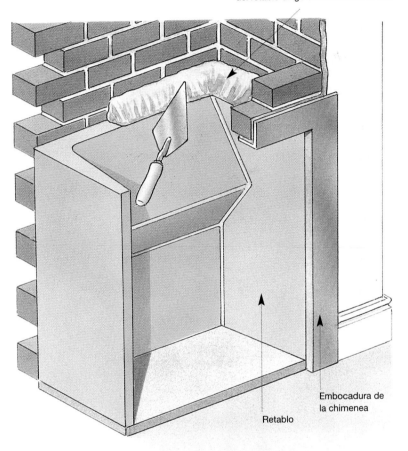

Embocadura de la chimenea

Retablo

ARREGLO DE UN RETABLO VIEJO

Si el retablo existente está en buenas condiciones de uso, pero resquebrajado, puede repararlo con cemento refractario. Deje que el retablo se enfríe durante un par de días si ha habido fuego real en él. Barra el hollín con un cepillo metálico y raspe las grietas con un destornillador viejo, recortando los bordes. Humedezca las grietas para ayudar que el cemento se adhiera, luego rellénelas con cemento refractario. Alise la superficie con una brocha mojada y déjelo que se endurezca durante varios días antes de volver a encender la chimenea.

Consejo de seguridad

Lleve guantes, gafas y mascarilla cuando derribe el tabique para evitar la inhalación de polvo y daños por los cascotes. Esto es especialmente importante cuando se trabaje con muros de fábrica. También es buena idea asesorarse por un albañil si va a instalar un fuego real o simulado con gasóleo para asegurar que el tiro está en buenas condiciones.

1. Separe las dos mitades del retablo golpeándolas con cincel y maza.

2. Mezcle un poco de mortero utilizando cuatro partes de vermiculita (material aislante granulado) y cal, y ponga una capa donde se situará la base del retablo. Coloque el retablo en su sitio, luego tire de él hacia delante y coloque trozos de tela ignífuga entre él y el borde de la abertura de la chimenea.

3. Corte dos tiras de cartón ondulado para que se ajuste a la altura del retablo y colóquelas detrás de él, sujetándolas con un poco de mortero. Este cartón arderá cuando se encienda la chimenea, dejando la junta de dilatación detrás del retablo. Luego rellene la parte trasera del retablo con mortero, mezclándolo con ladrillos rotos; puede utilizar los cascotes del tabique derribado.

4. Eche un poco de mortero en la parte alta de la mitad más baja del retablo y coloque de pie la otra mitad. Tape la junta y eche relleno detrás del retablo.

5. Una vez el relleno esté a nivel con la parte alta del retablo, añada más mortero para formar una inclinación en la parte trasera del tiro. Esto crea una garganta estrecha que conduce el humo hacia el tiro.

6. Utilice cemento refractario para sellar los bordes del nuevo retablo y la embocadura de la chimenea, y para cubrir la tela ignífuga.

Bloqueo de una chimenea ✂✂

Las casas construidas antes de que la calefacción central se generalizara tenían una chimenea en cada habitación. Hoy en día, incluso los amantes de las chimeneas, a menudo se encuentran satisfechos con tener únicamente la típica chimenea en la zona de estar, y quizá quieran condenar cualquier otra chimenea que aún permanezca en las demás habitaciones. No obstante, usted decidirá si se atreve con este trabajo; el único requisito esencial es que el tiro permanezca ventilado. De no ser así, la condensación que se pudiera formar en el interior puede calar por dentro los ladrillos del antepecho de la chimenea y ocasionalmente rezumar en la superficie, con lo que se estropearía la decoración.

Antes de empezar ningún trabajo, si lo que usted quiere es condenar una vieja chimenea, previamente tiene que tomar varias decisiones: La primera se refiere a si se desmonta el viejo retablo y se vacía el hueco de la chimenea, o si se deja en su sitio. Si usted está seguro de que nunca más va a utilizar la chimenea, la primera opción es la mejor, pero ocasionará bastante lío. La segunda decisión es cómo bloquear la abertura. Se puede rellenar de ladrillos o bloques, o se puede colocar un panel de cartón yeso apoyado sobre bastidor de madera. De nuevo la primera opción es la más profesional; la última, la más rápida.

Herramientas necesarias

Gafas protectoras y mascarilla

Guantes

Maza

Cincel para ladrillo

Palanqueta

Destornillador

Esparavel

Paleta

Llana

Cuchilla

Pala

1 Utilice el cincel y la maza para romper el aparejo de mortero entre la baldosa de solera y el suelo. Levántelo con una palanqueta y pida ayuda para subirlo y quitarlo; es demasiado pesado para levantarlo usted solo. Luego ponga sábanas para el polvo delante de la abertura de la chimenea.

2 Utilice cincel y maza para eliminar el yeso a los lados de la embocadura de la chimenea para dejar al aire las espigas de fijación. Retírelas si puede con un destornillador, infiltrando aceite para poder soltar los trozos oxidados. Retire los trozos de zócalo a cada lado de la abertura y déjelos como muestra para que pueda comprar otros que se acoplen, a fin de colocarlos en el frontal de la chimenea cuando haya acabado.

3 Inserte el borde de la palanqueta entre la embocadura de la chimenea y la pared, primero a un lado y luego en el otro, y sáquela de la pared. De nuevo, pida ayuda para

evitar que se venza y para transportarla. Quite la parrilla si está colocada.

4 Rompa el viejo retablo con maza y cincel. Utilice gafas de protección y mascarilla para protegerse del polvo y de los escombros. Levante las secciones de arcilla refractaria cuando las rompa y póngalas directamente en un saco de escombros. Limpie con agua la tela ignífuga alrededor del perímetro de la abertura para evitar que las fibras de amianto se mezclen en el aire; córtela con una cuchilla y póngala en una bolsa de plástico. Selle la bolsa y ponga una etiqueta con la anotación "desecho de amianto" y contacte con su Ayuntamiento para que le informen de dónde lo puede depositar.

✋ Consejo de seguridad

El amianto es una sustancia fibrosa que se puede mezclar con otros materiales para fabricar productos que son altamente resistentes al calor y tienen excelentes propiedades aislantes. Sin embargo, es una sustancia muy cancerígena y las instrucciones dadas en el punto 4 se tienen que seguir estrictamente. Nunca asuma riesgos cuando trabaje con amianto.

5 En la parte trasera del retablo habrá una masa sólida de mortero y ladrillos rotos; quítelo poco a poco con un cincel y una maza. Los escombros que generen sáquelos con una pala fuera del hueco. Ponga todos los cascotes en una bolsa y deje el hueco de la chimenea totalmente vacío. Utilice una aspiradora para quitar todo el polvo que sea posible.

6 Utilice ladrillos o bloques de poco peso para crear un tabique sólido en la abertura de la chimenea. Extienda una línea de mortero sobre la solera y ponga la primera hilada. Corte el último ladrillo o bloque al tamaño necesario y

utilice la parte cortada para empezar la siguiente hilada a fin de que las juntas verticales queden contrapeadas. (Vaya a las páginas 48-49 para más información.)

7 Incluya un ladrillo de terracota horadado en una de las primeras hiladas para asegurar que el tiro estará ventilado. Complete el tabique cortando ladrillos o bloques al tamaño necesario para que ajusten en la hilada final entre el dintel que queda encima de la abertura. Use mortero para rellenar cualquier hueco que quede en la parte alta y remátelo.

8 Aplique una capa base de yeso sobre el tabique, dejándolo 3 mm por debajo de la superficie para permitir dar una capa de acabado, y haga unas pasadas en cruz con el borde de la llana. Déjelo que se asiente, luego eche la capa de acabado dejándola a ras de la superficie de alrededor. Alíselo con una llana mojada. Déjelo que se seque totalmente antes de volver a decorarlo. Finalmente, corte y ajuste el nuevo zócalo en la parte frontal.

PANELADO DE LA ABERTURA

Quizá encuentre más fácil, después de quitar el retablo, tapar la abertura con cartón yeso, mejor que con ladrillos o bloques. Si es así, corte cuatro piezas de listón de madera blanda de 50 x 25 mm para que ajusten al sitio. Pegue y clave la pieza de arriba a la parte alta de las piezas laterales; no tiene que clavarlo en el dintel para fijarlo. Luego asegure las piezas laterales al borde interior de la abertura con clavos pasamuros, y añada el cuarto listón sobre la solera. Meta los listones 12 mm hacia dentro para que el cartón yeso y la capa de acabado queden enrasados con el yeso de alrededor. Corte un agujero en el cartón yeso con un serrucho de punta que sea del tamaño apropiado para insertar un ventilador de plástico, luego fije el cartón yeso a los listones con clavos galvanizados. Aplique el yeso de acabado y luego ajuste el ventilador cuando se haya endurecido.

Trucos del oficio

Remate del tiro: Si el tiro tiene la parte superior abierta, es buena idea rematarlo para evitar que el agua de lluvia entre por él. La manera más simple de hacerlo es acoplar una caperuza de arcilla o metal en lo alto de la abertura de salida de humos dentro del tope de la chimenea. Puede realizar esta tarea usted mismo solamente si no tiene miedo a trabajar en las alturas y se puede colocar una escalera fácilmente para alcanzar el tope de la chimenea.

Deshollinado del tiro: Si la chimenea se ha utilizado regularmente en el pasado, asegúrese de limpiarla para quitar el hollín que se halla pegado en el tiro antes de bloquear la abertura. Haciendo esto se evitará el riesgo de que aparezcan manchas en el centro del antepecho de la chimenea si en el futuro se forma condensación en el tiro.

Construcción de la embocadura de una chimenea de obra ⚒

Una embocadura de chimenea de obra se puede construir con su propio diseño, utilizando ladrillo o bloque de piedra prefabricada para paredes, o comprando un kit completo como mostramos aquí. Los kits de frontales de chimenea se encuentran en un amplio surtido de diferentes diseños y acabados, y vienen completos con componentes especialmente diseñados para formar el hogar, la parte alta del hueco de la chimenea y la parte superior.

Herramientas necesarias

Lápiz

Listón recto

Paleta

Maceta

Nivel de burbuja

Cinta métrica

Taladradora eléctrica

Broca pasamuros

Paletín

Brocha

1 Desembale el paquete que acaba de adquirir, familiarícese con las diferentes piezas y compruebe las recomendaciones del fabricante sobre la mezcla de mortero adecuado que tendrá que utilizar. Empiece a ensamblar las piezas colocando las baldosas de la solera. Vendrá una pieza central ancha y dos piezas más pequeñas para los lados. Trace las líneas del contorno con un lápiz, luego extienda una capa generosa de mortero bastante suave siguiendo el trazado de las líneas. Añada un poco más de mortero en el medio para sujetar la parte central de la baldosa.

2 Ponga la baldosa central sobre el lecho de mortero y golpéela con una maza hasta que la junta del mortero esté comprimida a un grosor de unos 25 mm. Quite el exceso de mortero que queda alrededor, luego compruebe que está perfectamente horizontal situando un nivel sobre él, primero a lo ancho y luego a lo largo.

3 Ponga las dos partes laterales de la solera de la misma manera, golpeándolas hasta que estén exactamente al mismo nivel que la parte central. Retire el exceso de mortero y utilice un nivel para comprobar su alineamiento. Deje que el mortero se endurezca antes de proceder con el siguiente paso.

4 Ponga de pie la primera pieza vertical que rodea la solera y compruebe las instrucciones que vienen con el kit para saber en qué posición va. Observe que la parte retranqueada por detrás debería quedar mirando al centro de la solera. Marque las posiciones de los agujeros sobre la pared, luego taladre e inserte los tacos. Repita el proceso en el otro lado.

5 Arrime la primera pieza vertical a la parte de atrás y fíjela a la pared con dos tornillos, introduciéndolos por los tacos. Haga lo mismo con la segunda pieza vertical al otro lado de la solera, y compruebe bien que la distancia entre ellas es correcta.

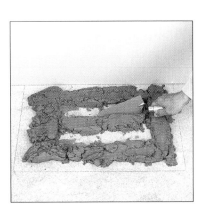

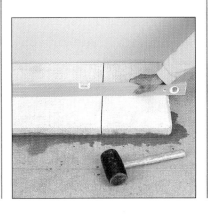

6 Las dos piezas rectangulares que enmarcan los lados del hueco de la chimenea ajustan dentro del retranqueo en las piezas verticales principales. Deslice cada una en su sitio, teniendo cuidado de no golpear las verticales y que se caigan.

7 Levante la traviesa superior sobre la parte alta de las verticales, alineando sus extremos con los retranqueos a cada lado, y bájela con cuidado hasta su sitio en la parte alta de las piezas rectangulares.

HABILITACIÓN DE LA CHIMENEA

Si piensa encender fuego de verdad en la chimenea, primero tendrá que sellar la junta entre la nueva embocadura y el retablo existente, utilizando tela ignífuga y cemento refractario (ambos se pueden adquirir en el mismo sitio en que compró el kit o en la tienda especializada en chimeneas). Corte la tela a la longitud apropiada y colóquela a los lados, luego cúbrala con una capa de cemento fino. Déjelo que se seque durante un par de días antes de encender su primer fuego.

8 Complete el ensamblaje colocando el estante superior sobre la parte alta de las verticales principales. Es el componente más pesado de todos, y quizá se necesiten dos personas para levantarlo. Compruebe que sobresale la misma longitud a cada lado, luego empújelo hacia atrás contra la pared: se anclará en el sitio por su propio peso.

9 Quizá usted quiera rellenar las ranuras entre las piedras de la solera. Utilice el mortero especial que se suministra con el kit, el cual se queda del mismo color que las piezas cuando se seca. Presiónelo dentro de las ranuras con un paletín, retire el sobrante y déjelo que se seque. Puede rellenar las ranuras entre las partes que enmarcan el hueco de la chimenea si desea.

Si la embocadura de la chimenea es puramente decorativa, como aquí, pinte la pared interior con pintura de emulsión negra, preparada para dar un elemento eléctrico que simula el fuego real.

realización de cambios en exteriores

Mientras que su campo de acción para realizar proyectos de albañilería en interiores es bastante limitado, no se aplican tales restricciones al jardín. Aquí, usted puede construir paredes a su antojo: en el perímetro del terreno, en el patio, como barreras de retención de tierra en terrazas en una zona en pendiente, o simplemente para esconder algo del jardín que ofende a la vista. Puede añadir elementos característicos tales como un arco de jardín, y enlazar diferentes niveles con vuelos de escalones. Puede construir con ladrillo o piedra, creando estructuras formales o informales que encajen con el estilo del jardín. Los dos puntos clave que necesita recordar son que cada estructura de jardín necesita buenos cimientos y, dado que está construyendo en el exterior, cada cosa que levante tiene que ser totalmente resistente a la intemperie.

La combinación de diferentes materiales, en este caso pizarra y bloque de piedra, se puede utilizar para crear un bonito contraste de color y textura.

Planificación de proyectos de albañilería en exteriores ⁄⁄

Para cualquier cosa que usted prevea construir en el jardín, necesitará hacer alguna planificación y trabajo preparatorio primero, incluso si sólo va a levantar un trozo de pared recta. Esto incluye el decidir qué es lo que quiere obtener, dónde colocar los diferentes elementos de su esquema, qué materiales utilizar y cómo organizar el trabajo de manera práctica y objetiva. Luego podrá calcular y pedir materiales con tranquilidad, y emprender la tarea de manera ordenada. Puede también preparar las fundaciones que son esenciales para cualquier estructura de jardín.

Realización de bocetos

Si tiene una idea clara de lo que quiere crear, compre papel milimetrado y lápices, y empiece por medir los elementos para que pueda hacer un dibujo detallado a escala sobre el que trabajar. Empiece con un plano para saber dónde se construirán paredes, escalones y otras características. Añada alzados para ayudarle a calcular materiales con precisión. Trabaje a una escala cómoda –1:20 está bien para la mayoría de jardines–. Asegúrese de que conoce las dimensiones de los diferentes materiales que le servirán para poder calcular los totales.

Preparación del lugar

Cuando haya decidido qué va a construir y dónde lo situará, tiene que hacer una preparación básica de la zona. Marque el área del trabajo con líneas de cuerda atadas a estacas. Quite todas las plantas, césped, maleza y otros elementos vegetales, y cave la tierra distribuyéndola por otras zonas del jardín. Corte las raíces de los árboles grandes o arbustos que asomen a la zona de trabajo. Según va cavando, mantenga los ojos abiertos por si aparecen instalaciones de servicios enterrados. Si se ha hecho de manera profesional, los cables y las tuberías deberían estar enterrados a una profundidad de al menos 450 mm, pero si lo ha hecho un aficionado estos elementos quizá se hayan colocado a una profundidad bastante superficial.

Cimientos en un lugar en pendiente

Los cimientos deberían colocarse en escalones enlazados y superpuestos. Cada escalón debería tener la longitud de un número de ladrillos entero, y la altura debería ser igual a un máximo de tres hiladas de ladrillos o una de bloques (225 mm). El escalón superior debería estar superpuesto sobre el inferior en una longitud de dos ladrillos o un bloque (unos 450 mm). Fije transversalmente una tabla en la zanja para formar el borde del escalón superior y eche el hormigón para el escalón de la misma manera que lo haría en una superficie plana (ver página siguiente).

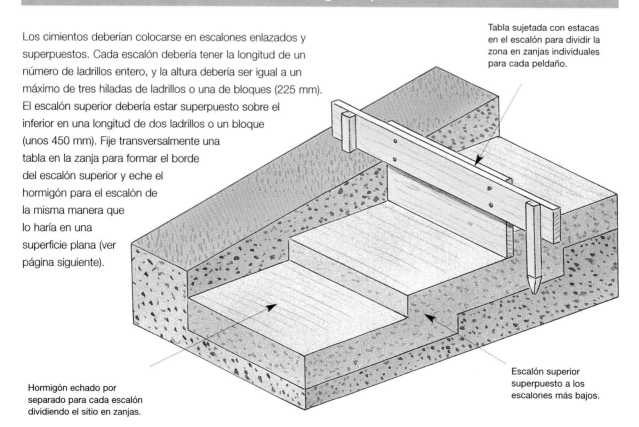

Tabla sujetada con estacas en el escalón para dividir la zona en zanjas individuales para cada peldaño.

Hormigón echado por separado para cada escalón dividiendo el sitio en zanjas.

Escalón superior superpuesto a los escalones más bajos.

La mayoría de las paredes de jardín lo único que necesitan es una franja de cimiento de hormigón, pero su tamaño y posición son importantes. Debería tener un grosor mínimo de 150 mm, y hasta 200 mm de espesor sobre suelos de arcilla, por la tendencia de la greda a encoger y expandirse. La franja debería estar situada en una zanja de 350 a 400 mm de profundidad, alcanzando su parte alta la altura de una hilada de bloque o tres hiladas de ladrillo por debajo del nivel del suelo. Esto permite que el terreno quede por encima de la base de la pared y ayuda a proteger el cimiento de heladas y daños accidentales por excavaciones cercanas. La anchura de la franja de cimiento debería ser dos veces el grosor de la pared que va a construir, hasta una altura de unos 750 mm. Para paredes más altas, incremente la anchura multiplicando por tres el grosor de la pared.

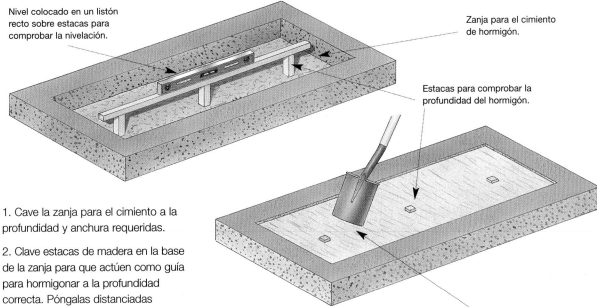

Nivel colocado en un listón recto sobre estacas para comprobar la nivelación.

Zanja para el cimiento de hormigón.

Estacas para comprobar la profundidad del hormigón.

La mezcla de hormigón debería tener la suficiente consistencia como para que los pequeños cúmulos se peguen en la pala.

1. Cave la zanja para el cimiento a la profundidad y anchura requeridas.

2. Clave estacas de madera en la base de la zanja para que actúen como guía para hormigonar a la profundidad correcta. Póngalas distanciadas aproximadamente a un metro y enráselas colocando encima de ellas un listón recto y sobre éste un nivel.

3. Calcule cuánto hormigón necesitará para el cimiento. Por ejemplo, la franja para una pared de 4 m de longitud y 1,5 m de altura, construida con fábrica de ladrillo de 230 mm de grosor, debería ser de 4,5 m de longitud, 700 mm de anchura y 150 mm de espesor. Su volumen es de 4,5 x 0,7 x 0,15 m³, es decir, 0,47 m³. Para hacer esta cantidad es necesario un saco (50 kg) y medio de cemento y unos 900 kg de áridos.

4. Mezcle el hormigón (vea páginas 88-89 para más detalles). Para cimientos por debajo del suelo debería mezclar una parte de cemento, 2,5 partes de arena gruesa y 3,5 partes de áridos (grava). Si va a construir utilizando áridos variados, mezcle una parte de cemento por cada cinco partes de áridos. Utilice un cubo para medir las cantidades con precisión; mézclelo totalmente a mano o en una hormigonera y añada agua hasta que la mezcla tenga la suficiente consistencia como para que se quede pegada en la pala.

5. Eche el hormigón en una carretilla y llévela a la zanja, extiéndalo y compáctelo guiándose por las estacas. Utilice un poste de una valla o madera similar para apisonarlo y si fuera necesario añada más hormigón hasta que se nivele con la parte superior de las estacas. No se preocupe si queda alguna irregularidad en la superficie. Puede compensar esto cuando coloque la primera hilada de ladrillos sobre el cimiento.

6. Si amenaza lluvia o helada, cubra el hormigón con una hoja de polietileno, y déjelo que se endurezca por lo menos durante tres días antes de empezar a construir sobre él.

CIMIENTOS PARA ESCALONES

Si va a construir un vuelo de escalones junto a un muro de contención, calcule el tamaño total. Luego eche una capa de hormigón 100 mm más grande que el perímetro del vuelo y de 100 mm de espesor (150 mm en suelos arcillosos). Vea las páginas 88-91 para más detalles sobre hormigonado. Si va a hormigonar sobre un lugar en pendiente, sólo el escalón inferior necesitará un cimiento. Debería ser de 300 mm de ancho, 150 mm de grosor y 200 mm más largo que la anchura de los escalones.

Construcción de una pared de ladrillo – 1 ⚒

Si es la primera vez que intenta colocar ladrillos, es mejor no ser demasiado ambicioso. Planifique la construcción en una sección recta de pared de no más de unos quince ladrillos de largo y de unos ocho ladrillos de altura, con los ladrillos colocados unos junto a otros en aparejo a soga. Esto le permitirá practicar la colocación de ladrillos nivelados y alineados, manejar mortero, posicionar las juntas contrapeadas y construir una pared realmente vertical. Cuando domine esto, puede continuar haciendo esquinas y pilares y construyendo paredes más anchas.

Herramientas necesarias

Cordel y estaquillas

Martillo

Paleta

Nivel de burbuja

Cincel para ladrillo

Maza

Barra medidora (ver cuadro en página 61)

Clavos de albañilería

Paletín

1 El primer paso consiste en colocar un cimiento (ver página 59). Cuando haya hecho esto, introduzca una estaquilla a cada extremo del cimiento, sobrepasando éste, y ate un trozo de cordel entre los dos para que actúen como guía para alinear las caras de los ladrillos en la primera hilada de la pared. La cuerda deberá quedar de tal manera que permita que los ladrillos queden centrados sobre el cimiento.

2 Mezcle un poco de mortero y eche una franja de unos 150 mm de ancho sobre el cimiento o patio. Nivélelo un poco con la punta de la paleta. Eche el suficiente mortero para colocar tres o cuatro ladrillos.

3 Empezando en un extremo del cimiento, coloque el primer ladrillo (algunos ladrillos tienen un vaciado central que deja un borde en el contorno, y algunas personas prefieren colocar esta parte sobre el mortero, mientras que otras los posicionan mirando hacia arriba). Comprima el ladrillo hacia abajo dentro del mortero, golpeándolo con el mango de la paleta hasta que parezca nivelado. Puede comprobar esto y ajustarlo si es necesario una vez haya puesto varios ladrillos.

4 Eche una cantidad generosa de mortero sobre el extremo del siguiente ladrillo, presionando el mortero firmemente con la paleta, manteniéndola en un ángulo de 45° respecto a los bordes del ladrillo. Si el mortero se cae, sumerja primero el extremo del ladrillo en un cubo con agua.

5 Coloque el segundo ladrillo alineado con el primero, arrimándolo a éste de tal manera que el mortero quede comprimido a un grosor de unos 10 mm entre los dos ladrillos. Quizá tenga que sujetar el primer ladrillo cuando haga esto para que no se mueva. Oprima el segundo ladrillo hacia abajo para que nivele con su vecino y compruebe que los dos ladrillos están en línea. Continúe de esta manera hasta que alcance el final de la primera hilada. Coloque un nivel longitudinalmente sobre la parte alta, que repose en las caras de los ladrillos, y si alguno hubiera quedado levantado o sobresaliera, golpéelo para dejarlo enrasado. Luego gire el nivel 90° y haga la comprobación sobre la anchura de cada ladrillo.

6 Para asegurar que las juntas verticales están contrapeadas en las hiladas sucesivas, necesitará comenzar la segunda hilada de la pared con un ladrillo cortado a la mitad. Para cortar el ladrillo, trace una línea a lo ancho de la parte plana y sitúe el ladrillo sobre una superficie blanda (una base de arena o el césped pueden valer). Coloque el borde de un cincel sobre la línea marcada y golpéelo con firmeza con una maza. El ladrillo debería romperse fácilmente con un solo golpe.

7 Extienda un poco de mortero sobre la primera hilada de ladrillos y coloque el medio ladrillo en el sitio para empezar la segunda hilada. Coloque tantos ladrillos enteros como necesite para completar la hilada, acabándola con la otra mitad del ladrillo que cortó en el punto 6. Retire el mortero sobrante de las juntas según va trabajando, luego compruebe la alineación y nivelado con un nivel, como anteriormente.

8 Añada ladrillos a un extremo de la pared para empezar la tercera, cuarta y sucesivas hiladas, subiendo hasta que la pared tenga una altura de ocho ladrillos. Tendrá que colocar cuatro ladrillos en la hilada tercera, tres

y medio en la cuarta, etc., hasta llegar a un ladrillo y medio en la octava hilada. Después de colocar cada hilada, utilice una barra medidora para comprobar que las juntas horizontales tienen el mismo grosor (ver punto 10). Los ladrillos ahora forman escalones regulares de medio ladrillo de longitud que van hacia abajo desde el extremo de la pared. Este proceso se llama aparejo escalonado, y el objetivo de este ejercicio es construir la pared por medio del trabajo desde los extremos hacia la mitad. Repita el proceso al otro lado de la pared.

9 Antes de proseguir, utilice el nivel para comprobar que los extremos de la pared están verdaderamente verticales y que la cara de la pared está lisa. Compruebe que las juntas verticales tienen una anchura uniforme, deje que el nivel descanse sobre la escalera de ladrillos. Debería tocar sólo la esquina de cada ladrillo.

10 Ponga la barra medidora junto a cada extremo de la pared para comprobar que el grosor de las juntas es el mismo en todas las filas. Si no es así, tire la parte que está mal y vuelva a construirla.

FABRICACIÓN DE UNA BARRA MEDIDORA

Para comprobar que las juntas de mortero tienen el mismo espesor, fabrique una herramienta llamada barra medidora con un listón de madera corriente. Marque líneas sobre ella para indicar los ladrillos o bloques y las juntas de mortero entre ellos. En este proyecto, por ejemplo, debería marcar alternativamente anchuras de ladrillos (65 mm de grosor) y juntas (10 mm de espesor).

11 Introduzca un clavo de albañilería en el mortero entre la tercera y cuarta hilada a cada extremo de la pared y ate un cordel entre ellos. Utilice esto como guía para colocar el resto de los ladrillos en la tercera hilada. Continúe colocando ladrillos hasta completar una hilada antes de pasar a la siguiente, terminando con la octava y última hilada con los ladrillos colocados con el resalte hacia abajo. Para colocar esta hilada no necesita el cordel. Una vez más, utilice el nivel para comprobar la alineación y nivelación, y asegúrese de que todas las juntas verticales de la pared quedan alineadas de hilada en hilada. Ya ha construido su primera pared.

Construcción de una pared de ladrillo – 2 ⚒⚒

Una vez domine las técnicas básicas del manejo de ladrillos y mortero y el levantamiento de hiladas, puede empezar con las esquinas y pilares, soportes esenciales si va a construir paredes más largas o más altas que la de la página anterior. Al igual que al levantar una pared recta, el objetivo del ejercicio es mantener el aparejo –contrapear la mitad de la longitud del ladrillo de hilada en hilada– para asegurar que las esquinas y los pilares no sean puntos débiles en la estructura de la pared.

Herramientas necesarias

Cuerda y estaquillas

Martillo

Paleta

Nivel de burbuja

Escuadra de albañil (ver cuadro más abajo)

Cincel para ladrillo

Maza

Maza de goma

Barra medidora (ver cuadro en página 61)

Clavos de albañilería

Paletín

FABRICACIÓN DE UNA ESCUADRA DE ALBAÑIL

Corte tres listones de 50 x 25 mm de madera blanda de 400, 500 y 600 mm de longitud. Pegue y atornille las dos piezas más cortas en ángulo recto, con una esquina solapada (formada cruzando los dos trozos de madera y quitando la mitad del grosor de cada pieza para que quede una junta igualada). Haga una marca en el canto exterior del listón más corto a 300 mm de la esquina y sobre el más largo a 400 mm de la esquina. Compruebe que la distancia entre las marcas es exactamente de 500 mm. Coloque el listón de 600 mm atravesado con el canto exterior alineado con las marcas. Pegue y atorníllelo a las otras piezas, luego corte los trozos que sobran en cada extremo para igualarlo con las piezas más cortas.

Una alternativa más simple es cortar un triángulo grande de una esquina de un tablero de contrachapado.

Esquinas

Si construye paredes en hiladas, hacer esquinas es fácil. Simplemente coloque cada ladrillo de esquina en ángulo recto con el que está al lado. Con esto se unen las dos partes de la pared y se mantiene el modelo de aparejo en cada hilada. Los únicos ladrillos cortados que se necesitan son los de hiladas alternas que quedan en el extremo abierto de cada sección, como en una pared recta.

1 Eche dos franjas de cimiento que hagan ángulo recto (ver página 59), luego ponga la primera hilada de ladrillos formando una sección de la pared (ver página 60). Coloque el primer ladrillo de la segunda sección en ángulo recto con la esquina del ladrillo de la primera sección, después eche un poco de mortero sobre su extremo y apriételo.

2 Coloque varios ladrillos más en la primera hilada de la segunda sección de la pared, y utilice un nivel para comprobar que están totalmente horizontales y en línea. Mantenga una escuadra de albañil en el ángulo interno de las dos secciones para comprobar

que están en ángulo recto una con la otra, y ajústelas si no es así. Complete el resto de la primera hilada.

3 Comience la segunda hilada poniendo dos ladrillos en la esquina, contrapeados con los dos de la primera hilada. Apriételos hacia abajo y enráselos en ambas direcciones, longitud y anchura.

4 Construya la fábrica de ladrillo en ambos lados de la esquina hasta que la pared alcance su altura final y a usted le quede sólo un ladrillo en la parte más alta de la hilada. Éste es el mismo proceso de aparejo escalonado que utilizó al construir una sección recta de pared.

Construcción de pilares

Los pilares también son aparejos de refuerzo dentro de la estructura de la pared. En el aparejo de ladrillo a soga puede tener un ladrillo de anchura y que sobresalga de la cara de la pared, o, para mayor reforzamiento, un ladrillo y medio de anchura y centrado sobre la pared. Para paredes construidas con aparejo a soga de más de 450 mm de altura, necesita un pilar de un ladrillo al final de la pared y a intervalos de 3 m a lo largo de ella. Disponga los pilares más grandes en sitios clave. Para que sea segura, la altura máxima para una pared con aparejo a soga y pilares es de 675 mm. Las paredes más altas deberían tener un espesor igual a la longitud de un ladrillo (215mm) y pueden ser de 1,35 m sin pilares o de hasta 1,8 m con pilares de dos ladrillos (440 mm) de lado.

Pilares salientes

Para construir pilares de un ladrillo de lado en una pared con aparejo a soga, sitúe un ladrillo en paralelo al último ladrillo entero colocado en el extremo de la primera hilada. Coloque el primer ladrillo de la segunda hilada en ángulo recto con ellos, luego ponga ladrillos en la segunda hilada como de costumbre. Complete el pilar con medio ladrillo en esta y en hiladas alternas. Para construir pilares intermedios de un ladrillo de lado, ponga dos ladrillo paralelos en ángulo recto con la cara de la pared en la primera hilada. Para evitar que coincidan las juntas verticales de la segunda hilada, ponga medio ladrillo centrado sobre los dos ladrillos enteros de la primera fila, luego coloque un ladrillo al que se haya quitado la cuarta parte de su longitud a cada lado del medio ladrillo. Complete la segunda hilada del pilar con un ladrillo entero. Repita esta disposición en hiladas alternas.

Pilares centrados

Puede construir pilares centrados de un ladrillo y medio en una de las dos formas. Para la primera se utilizan ladrillos enteros en todas las hiladas del pilar, y la pared se sujeta a los pilares con tiras de malla acopladas en el mortero cada dos o tres hiladas. La segunda, más fuerte, enlaza cada hilada de la pared dentro del pilar. Para esto se requiere la utilización de ladrillos partidos por la mitad y a tres cuartos en la estructura del pilar para mantener el modelo de aparejo.

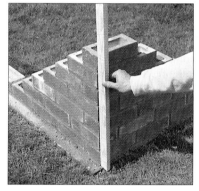

5 Coloque una barra medidora junto a la esquina para comprobar que las juntas están iguales, reconstruya la sección afectada si no lo están (realmente usted debería hacer la comprobación después de cada hilada). Construya la fábrica de ladrillo de la misma manera en cada extremo abierto de la pared y también vaya verificándolo.

6 Sitúe un nivel o barra medidora en los escalones del enladrillado para comprobar que el aparejo escalonado está igualado y que las juntas entre los ladrillos son uniformes; el nivel o barra deberían tocar sólo la esquina de cada ladrillo. Construya cada sección de pared como se describe en el punto 11 de la página 61.

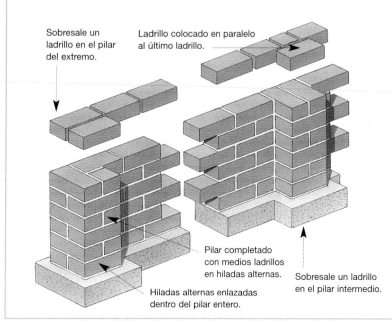

Sobresale un ladrillo en el pilar del extremo.

Ladrillo colocado en paralelo al último ladrillo.

Pilar completado con medios ladrillos en hiladas alternas.

Hiladas alternas enlazadas dentro del pilar entero.

Sobresale un ladrillo en el pilar intermedio.

Construcción de una pared de bloques de piedra

Los bloques de piedra prefabricada para paredes le permiten construir paramentos de piedra con una apariencia natural de una manera tan fácil como si estuviera colocando ladrillos. Los bloques tienen caras y extremos con una forma que da la impresión de ser piedras toscamente labradas, pero las partes superior e inferior de los bloques son lisas para que se puedan colocar en hiladas niveladas con mortero.

Visite tiendas como centros de jardinería y almacenes de materiales de construcción para elegir los bloques que quiere utilizar en el muro de piedra. Allí encontrará la diversidad de bloques existentes en el mercado, dándole la oportunidad de ver las opciones que tiene para elegir color, textura y tamaño antes de decidirse. El siguiente paso es planificar la disposición de la pared y calcular cuántos bloques serán necesarios. Es especialmente importante hacer un cálculo seguro si la pared va a constar de mezcla de bloques de diferentes tamaños. Diseñe la pared primero en papel y luego cuente el número de bloques de cada tamaño que necesitará para crear la combinación. Los bloques se suelen vender en paquetes completos, pero la mayoría de los proveedores dividen los paquetes si es necesario. La cantidad más pequeña que venden es generalmente la suficiente para construir aproximadamente un metro cuadrado de pared. La mayoría de los proveedores se lo entregarán a domicilio.

Herramientas necesarias

Cubo y útiles para mezclar

Esparavel

Maza de goma

Paleta

Nivel de burbuja

Barra medidora (ver cuadro en página 61)

Clavos de albañilería

Escuadra de albañil

Paletín

1 Eche la franja de cimiento (ver página 59), luego coloque los bloques en seco. Esto le permitirá comprobar que el boceto se transforma en una realidad en tres dimensiones, y da la oportunidad de corregir cualquier error antes de empezar a construir. Luego puede ir recogiendo los bloques, hilada a hilada, según levanta la pared.

2 Prepare una mezcla de mortero estándar, hecha de una parte de cemento y cinco partes de arena (de construcción) fina. Luego coloque el cordel guía según va construyendo, y eche el suficiente mortero sobre la placa de fundación para colocar los tres o cuatro primeros bloques. Asiente el primer bloque en el sitio sobre el mortero y golpéelo hasta que parezca nivelado. Eche mortero sobre el extremo del siguiente bloque y colóquelo de la misma manera. Repita para los siguientes dos bloques, entonces compruebe con un nivel que están correctamente alineados y horizontales.

3 Complete la primera hilada extendiendo más mortero sobre el cimiento y colocando el resto de los bloques. Empiece con la segunda hilada, situando cualquier bloque de doble o triple altura según el plan dibujado y comprobando que todos los bloques se contrapean con los de la primera hilada para mantener el modelo de aparejo correcto.

4 Sitúe los bloques más pequeños al lado de los más grandes. Inevitablemente quedará alguna alineación de las juntas verticales donde dos o tres bloques pequeños quedan junto a uno más grande. Utilice la barra medidora para comprobar que las juntas de mortero entre los bloques apilados son uniformes en grosor. Añada más mortero a las juntas si fuera necesario.

5 Continúe levantando el muro hilada a hilada, combinando bloques pequeños y grandes según el esbozo preliminar. Compruebe de cuando en cuando con el nivel según va construyendo para asegurar que las hiladas están quedando realmente horizontales y que el frente y los extremos de la pared se están levantando derechos y no se inclinan demasiado. Complete la primera parte de la pared añadiendo la hilada final. La altura máxima recomendada para paredes de bloques de piedra prefabricada construida con pilares cada 3 m es de 625 mm para paredes de 100 mm de espesor y 1,8 m para paredes de 210 mm de espesor. Es aconsejable no construir a una altura mayor o la pared se volverá estructuralmente inestable.

6 Ahora ponga su atención en el rejuntado. Utilice una mezcla bastante seca de mortero con el fin de evitar manchar las caras de los bloques. Coja una porción de mortero del esparavel con el paletín y colóquela bien en la junta. Limpie la superficie con la punta del paletín y déjelo que se endurezca. Quite cualquier gota que

haya caído en la cara de los bloques con un cepillo duro cuando se haya secado. Acabe la pared añadiendo una capa de piedras de coronación. Éstas protegen a la última hilada de la pared de los daños que pudiera causar la lluvia o las heladas, y ayuda a evacuar el agua para que no dé en las caras de los bloques que hay debajo.

FÁBRICA DE BLOQUES SIN MORTERO

Algunos fabricantes ofrecen bloques de piedra prefabricada que han sido diseñados para colocar sin mortero en paredes de poca altura, de hasta 625 mm. Los bloques llevan ranuras en la parte baja y lengüetas en la parte alta, que se encajan según se va levantando la pared. Otros bloques están moldeados imitando la pared sin mortero, creando la apariencia de piedras entrelazadas. Éstos se pueden colocar con una capa fina de adhesivo especial para paredes en vez de mortero, para simular una pared hecha a mano utilizando piedras sueltas. También es posible igualar las piedras de remate, moldeadas como piedras en los cantos para que pueda terminar la pared de la forma tradicional.

Las piedras de coronación añaden el toque de acabado a una pared de bloques de piedra y protegen la fábrica de la humedad. Simplemente apriételas sobre el lecho de mortero grueso.

Construcción de un muro de contención ↗↗↗

Si tiene un jardín en pendiente o quiere crear jardineras escalonadas, necesitará construir muros que retengan tierra detrás de ellos, por eso llamados muros de contención de tierras. Obviamente éstos tienen que ser más fuertes que una pared independiente, porque actúan como una especie de dique, conteniendo detrás no sólo la tierra sino también la considerable cantidad de humedad que el terreno puede contener después de la época de lluvias. Esto significa construir una fábrica de 215 mm de grosor, instalando el drenaje apropiado para el agua subterránea.

Cuando planifique el diseño y la situación del muro de contención de tierra para formar terrazas en un lugar en pendiente, tenga en cuenta que es preferible construir varias terrazas de poca profundidad que una o dos altas (si las construye altas, necesitarán reforzamiento: ver cuadro en página siguiente). Las paredes más pequeñas tendrán menos presión, y construir escalones para unir los niveles (ver páginas 72-75) será mucho más simple. Si va a establecer varias terrazas, primero construya el muro de contención que quede más alejado de la casa, para que no tenga que ir moviendo los materiales de una terraza a la siguiente. No es usual que los muros para jardineras sean más altos de 900 mm, y su estructura en forma de caja les da un refuerzo más que suficiente para contener la tierra que recogerá dentro, así que no es necesario reforzarlos. Pregunte a un profesional antes de construir muros de contención de una altura de más de 1,2 m.

(ver páginas 72-75)

Aparejos para muros de contención de tierra

Es posible construir un muro de contención con dos filas paralelas de aparejo a soga –conocido como aparejo de doble ancho–, pero el muro no será muy fuerte, incluso si las dos hojas están con abrazaderas para paredes huecas incrustadas en el mortero. Se puede conseguir una estructura más fuerte si algunos de los ladrillos se colocan a tizón, actuando como conectores para que la pared no se caiga. Dos de las disposiciones de aparejo normalmente utilizadas para paredes con un grosor de 215 mm –un ladrillo de longitud– son el aparejo inglés y el aparejo flamenco.

En el aparejo inglés la pared se construye con hiladas alternas diferentes: la primera con aparejo a soga, la segunda a tizón. En las esquinas, una fila de soga se convierte en tizón de la pared adyacente y viceversa. En los extremos y en las esquinas, se coloca un ladrillo cortado longitudinalmente por la mitad (regulador) antes del último a soga, para mantener el modelo de aparejo. Una variación llamada aparejo inglés de pared de jardín tiene de tres a cinco hiladas colocadas a soga, seguidas de una sola hilada a tizón. Algunas veces se utiliza en vez del aparejo inglés puro para reducir la cantidad de relleno necesario en las hiladas a tizón, pero es notablemente menos resistente.

En el aparejo flamenco, cada hilada consiste en un par de sogas seguidas de un solo tizón, para que en la cara de la pared cada tizón quede centrado sobre la soga inferior. De nuevo, los reguladores mantienen el aparejo en los extremos y las esquinas. La pared resultante es un poco más fuerte que con el aparejo inglés, porque cada hilada contiene tizones que hacen de ensamblaje. Una variación conocida como aparejo flamenco de pared de jardín tiene un tizón después de unos tres pares de sogas en cada hilada, de nuevo para reducir la cantidad de relleno necesario.

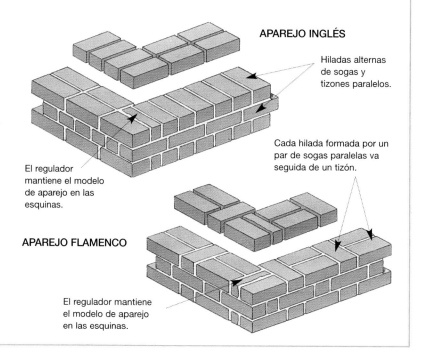

APAREJO INGLÉS

Hiladas alternas de sogas y tizones paralelos.

El regulador mantiene el modelo de aparejo en las esquinas.

Cada hilada formada por un par de sogas paralelas va seguida de un tizón.

APAREJO FLAMENCO

El regulador mantiene el modelo de aparejo en las esquinas.

Construcción de un muro de contención de tierras

Cualquier muro de contención de tierras necesita fundaciones seguras y sólidas. Excave una zanja de una profundidad de unos 450 mm y eche una capa de firme de suelo utilizando un poste de una valla como pisón. Luego coloque estacas de madera para que actúen como guía de profundidad para el cimiento, y eche una capa de hormigón (una parte de cemento y cinco partes de áridos) de 150 mm de espesor, sobre el firme de suelo. Comprímalo longitudinalmente con un listón de madera, nivélelo y cúbralo con polietileno. Si el terreno es arcilloso, cave a más profundidad para que pueda echar una capa de hormigón de 300 mm de espesor. Deje que el hormigón fragüe durante al menos tres días.

Herramientas necesarias

Pala
Carretilla
Cuerda y tacos
Martillo
Paleta
Nivel de burbuja
Maza de goma
Cincel para ladrillo
Maza
Barra medidora
Puntas de albañilería
Escuadra de albañil
Paletín

1 Para los muros de contención tiene que utilizar ladrillos de una calidad especial a prueba de heladas. Los bloques de piedra prefabricada para paredes son naturalmente resistentes a las heladas. Coloque la primera hilada de ladrillos, ajustando el grosor del lecho de mortero para corregir cualquier irregularidad en el cimiento. Comience con una hilada recta colocada a soga si va a construir con aparejo inglés, como se muestra aquí, o pares de sogas seguidas de un solo tizón si va a construir con aparejo flamenco.

2 Si la pared hace esquina, coloque la primera hilada de la pared perpendicular. Coloque un regulador después del último ladrillo a soga para mantener el modelo de aparejo. En el aparejo inglés, la hilada continúa en la pared contigua como hilada de tizones. En el aparejo flamenco, coloque un par de sogas junto al regulador, luego un tizón y otro par de sogas alternativamente en el resto de la hilada.

3 Para permitir el drenaje del agua retenida tras el muro, bien deje una abertura cada dos juntas verticales en la parte baja de las hiladas del muro

para que actúe como canal de desagüe, o bien introduzca pequeñas cánulas de cobre o plástico dentro del lecho de mortero sobre la primera, segunda o tercera hilada de ladrillos; la primera hilada generalmente es mejor.

4 Continúe levantando la pared a la altura necesaria con el aparejo que haya elegido. Cubra la parte trasera de la pared con una lámina de polietileno fuerte o aplique dos capas de una solución líquida impermeabilizadora. Esto evitará que la fábrica se sature produciendo eflorescencia que aparecerá en la cara de la pared, un problema que estropea la apariencia de muchas paredes de retención. Eche grava detrás de la pared a una profundidad de al menos 300 mm para que ayude con el drenaje detrás de la base de la pared. Deje que el mortero se endurezca durante una semana antes de rellenar con tierra.

REFUERZO DE PAREDES

Las paredes más altas de 900 mm deberían estar construidas alrededor de barras verticales de acero colocadas dentro del cimiento de hormigón. Construya el muro de doble grosor, reforzándolo con barras colocadas entre dos hojas de la pared. Una las dos hojas con abrazaderas situadas cada 450 mm, en juntas alternas, y en cada hilada en las esquinas y los extremos. Rellene el espacio entre las hojas con hormigón fino.

Construcción de una pared de bloques de celosía ⫮⫮

Los bloques decorativos de celosía le permiten construir paredes que actúan como demarcación mejor que un parapeto macizo. Puede utilizarlos solos o incorporarlos como paneles decorativos de paredes de ladrillo o bloque. Únicos entre los bloques de construcción, se colocan en columnas verticales, una disposición conocida como aparejo en pila, lo que significa que una pared de bloques de celosía es consecuentemente débil, a menos que se refuerce durante la construcción.

Los bloques de pared de celosía vienen en un tamaño estándar de 290 mm de lado, creando una unidad modular de 300 mm de lado al añadir los 10 mm de grosor de la junta de mortero. Esto significa que cualquier pared que construya con ellos tiene que ser un múltiplo de 300 mm en longitud y anchura. La altura máxima, utilizando solamente bloques de celosía, es de 1,8 m, seis hiladas. Los bloques suelen tener 90 mm de espesor, y son blancos o de color hueso. Los fabricantes de bloques también tienen bloques huecos para pilares que los igualan. Éstos tienen una altura de 200 mm, por lo que tres bloques de pilar se ajustan al tamaño de dos bloques de pared. Se fabrican de cuatro tipos –para formar pilares finales, pilares intermedios, esquinas y uniones en T– y, dependiendo del tipo, tienen una o más caras acanaladas, donde se acoplan los bloques de pared. Por ello, cualquier pared construida con bloques de pilar debe tener un número entero de hiladas. Los remates de pilar y las losas de 600 mm de remate de pared completan la variedad.

Herramientas necesarias

Paleta

Maza

Maza de goma

Nivel de burbuja

Paletín

1 Para construir una pared independiente, coloque una franja de cimiento (ver página 59), luego extienda un lecho de mortero sobre el de una longitud suficiente para acoplar tres bloques. Coloque el primer bloque de pilar en un extremo y apriételo hacia abajo, golpeándolo con el mango de una maza. Utilice el nivel para comprobar que está nivelado.

2 Eche un poco de mortero sobre uno de los cantos del primer bloque y colóquelo sobre el lecho de mortero, de tal manera que el canto embadurnado se acople en el canal del bloque de pilar. Golpéelo con suavidad hasta que encaje, luego apriételo hacia abajo sobre el lecho de mortero. Los bloques son bastante frágiles; por ello trate de golpearlos cerca de las esquinas para que la fuerza se transmita a través de la parte sólida del material.

3 Ponga mortero sobre el canto del siguiente bloque y colóquelo junto al primero, de nuevo golpeándolo horizontalmente hasta que quede una junta vertical de 10 mm de grosor. Golpéelo hacia abajo para enrasarlo con su vecino y retire el exceso de mortero para evitar que se manche la superficie de los bloques. Continúe colocando bloques de esta manera para completar la primera hilada de la pared, acabando con un bloque de pilar en el extremo. Si la pared tiene más de 3 m de longitud –diez bloques–, incorpore pilares intermedios a intervalos máximos de 3 m.

4 Extienda un poco de mortero en la parte superior del primer bloque de pilar que está en un extremo de la pared. Sitúe el siguiente bloque de pilar sobre él, apriételo hasta que quede una junta de 10 mm de grosor y compruebe con el nivel que está alineado en ambas direcciones y que el pilar está vertical.

5 Repita el proceso para colocar el tercer bloque del pilar. Para reforzar éste, rellene la parte central hueca con mortero, empujándolo hacia abajo con un trozo de listón de madera.

6 Coloque la segunda hilada de bloques sobre la parte superior de la primera. Asegúrese de que el primer bloque se acopla totalmente en el canal de los bloques de pilar, y que los siguientes bloques quedan perfectamente alineados con los de abajo. La parte superior de la segunda hilada deberá quedar enrasada con la parte superior del pilar.

7 Si lo que pretende es construir una pared más alta de dos hiladas, tendrá que colocar los bloques de pilar introduciéndolos por barras de refuerzo de acero alojadas en el cimiento. Sujete los bloques de pared al pilar con una tira de malla alojada dentro del mortero en hiladas alternas y enganchada a la barra de refuerzo. Añada los bloques de celosía y de pilar necesarios para completar la pared. Si la pared acabada tuviera más de cuatro hiladas de altura, ponga dos hiladas más ahora y deje que el mortero se endurezca durante todo la noche antes de añadir las dos siguientes.

Termine la pared situando los remates de pilar y de pared en la parte alta de la misma. Éstos se igualarán o contrastarán en color, dependiendo del gusto. Compruebe que las piedras de remate están niveladas y que sobresalen de los bloques en la misma medida por cada lado. Ponga mortero en las juntas entre las piedras de remate.

Trucos del oficio

Igualado de mortero: Como los bloques de celosía son de color blanco o crema, el mortero ordinario parecerá mucho más oscuro y estropeará la apariencia de la pared. Para evitar este problema, compre cemento blanco Portland y la arena más clara que tenga su proveedor, y utilice estos productos para hacer mortero que iguale con los bloques. Si no puede conseguir estos materiales, la única alternativa es pintar la pared con pintura para exteriores cuando se haya finalizado la pared.

Paneles añadidos: Si pretende utilizar los bloques de celosía como paneles complementarios de paredes de fábrica macizas, recuerde que un bloque se ajusta con cuatro hiladas de ladrillo. Los bloques son un poco más estrechos que un ladrillo: centre los bloques en la fábrica si la pared va a estar a la vista por ambos lados, pero si sólo se va a ver por un lado, enráselos con la cara de la pared.

Utilice una maza de goma para golpear los remates empujándolos sobre el mortero de la parte superior de la pared, y compruebe que quedan perfectamente enrasados.

Construcción de un arco de ladrillo ⁄⁄⁄

Un arco de ladrillo es una manera original de enmarcar una puerta de entrada o una abertura en una pared lindera alta (aunque la construcción de este último es mejor dejarla a profesionales). Una vez construido, la estructura se sujeta por sí sola, pero necesitará la ayuda de algún armazón de madera para apoyar los ladrillos del arco mientras el mortero se asienta. Un arco de dos anillos es la mejor elección para un arco independiente. Un arco de un anillo es débil y parece bastante soso, mientras que un arco de tres anillos es demasiado ostentoso y queda mejor en un muro.

Un arco actúa transfiriendo su peso hacia abajo sobre la pared o pilares que lo sujetan. Si el arco es independiente, los pilares tienen que tener al menos 215 mm –un ladrillo– de lado, y normalmente es mejor equivocarse en pro de la seguridad y construir los pilares que midan 320 x 215 mm, con tres ladrillos en cada hilada del pilar. Cada pilar debería tener su propia base de hormigón, 450 mm de lado y 150 mm grosor.

Herramientas necesarias

Paleta

Nivel de burbuja

Cinta métrica y lápiz

Sierra de arco

Martillo

Armazón de arco (ver paso 2)

Paletín

Herramienta para rascar o cincel

1 Construya los dos pilares, comprobando después de cada hilada que están al mismo nivel. Continúe hasta que alcance el punto a partir del cual se empezará a formar el arco. Para un arco de 900 mm de

anchura, los pilares de 22 hiladas de ladrillo le darán la altura libre adecuada.

2 Mida la anchura de la abertura en el punto de inicio y corte dos semicírculos de contrachapado de ese diámetro con una sierra de arco. Clávelos a dos piezas de maderas para fabricar un armazón de arco que mida unos 200 mm de fondo. Coloque el armazón sobre puntales de apoyo para que se queden enrasados con la parte alta de los pilares.

3 Ponga un poco de mortero encima de cada pilar, próximo al armazón, y coloque un ladrillo sobre cada uno. Péguelos al armazón y comprímalos dentro del mortero.

CONSTRUCCIÓN DE UN ARCO REBAJADO

Se puede utilizar una variante de la técnica del arco de ladrillo para construir un arco más plano, conocido como arco rebajado porque su curva es un segmento más pequeño que la circunferencia de un semicírculo. Utilice un lápiz, un trozo de cuerda y un pináculo trazador como improvisado compás para dibujar la curva que quiere sobre un trozo de tablero. Córtelo, compruebe cómo quedará colocándolo en el hueco y úselo para marcar y cortar una pieza igual para el otro lado del arco. Recuerde que cuanto más plano sea el arco, más verticales los ladrillos estarán a cada lado de la abertura. Probablemente tendrá que construir la parte alta de los pilares por encima del nivel de los últimos ladrillos para mejorar su aspecto.

4 Añada ladrillos a cada lado del armazón uno a uno, asegurándose de que todos topan con el armazón y que las juntas de mortero en forma de cuña entre los ladrillos están a la misma anchura, unos 10 mm de espesor en la parte interna de la curva, y unos 20 mm en la parte exterior.

ALTERNATIVAS PARA LA CLAVE

En vez de utilizar un ladrillo como clave, puede utilizar trozos de pizarra, tejas de arcilla planas o baldosas de barro. Simplemente llene el lugar de la clave con mortero y empuje las piezas hacia abajo una a una (probablemente necesitará cuatro o cinco piezas).

5 Si ha espaciado los ladrillos cuidadosamente, sólo quedará sitio para un ladrillo —la clave— en la parte alta del arco. Ponga mortero sobre ambos lados y encájelo en el sitio.

6 Cuando la clave esté en su sitio, ponga un nivel junto a la cara del arco para comprobar que todos los ladrillos están perfectamente alineados.

7 Extienda mortero en lo alto del primer anillo de ladrillos y construya el segundo anillo de la misma manera, con las uniones del mortero en forma de cuña. El segundo anillo tendrá un radio ligeramente más amplio que el interior, así las juntas no se alinearán

con las primeras. Necesitará más ladrillos para el segundo anillo, normalmente 23 (comparado con 19 del anillo interior) para un arco de 900 mm de ancho. Cuando haya añadido la segunda clave, limpie las juntas de mortero visibles.

8 Deje el armazón en su sitio durante 48 horas para dar tiempo al mortero a que se endurezca (si

amenaza lluvia o heladas, cubra la parte alta del arco con una sábana de polietileno). Entonces quite los puntales con cuidado y deje que el armazón caiga sin rozar los ladrillos. Remate las juntas en la parte baja del arco para completar el trabajo. Rasque el mortero seco a una profundidad de 4-5 mm y sustitúyalo con mortero fresco utilizando un paletín.

Cuando el arco esté acabado, quite el mortero seco de las juntas y rellénelas con nuevo mortero, dejándolas enrasadas con los ladrillos o para darle un acabado perfecto.

Construcción de escalones en una pendiente ⚒

En un jardín con pendiente, la manera más segura de subir y bajar es utilizando un vuelo de escalones, y la forma más fácil de construirlos es aprovechar el talud para hacer los cimientos de los escalones. En tanto en cuanto la tierra del subsuelo esté compactada y no se haya cavado recientemente, si se traza con cuidado la forma de los escalones quedará una base estable para el vuelo. Todo lo que necesita es un cimiento de hormigón para anclar el escalón más bajo del vuelo.

Los escalones de jardín deberían tener peldaños de al menos 300 mm de profundidad y 600 mm de anchura. Aumente esta longitud hasta por lo menos 1,2 m para que haya suficiente espacio para que pasen dos personas a la vez. La altura de las contrahuellas se regirá por los ladrillos o bloques que utilice: dos hiladas de ladrillos o bloques estándar de pared rematados por una baldosa darán una altura de escalón de menos de 200 mm. Los escalones deberían sobresalir de las contrahuellas unos 25 mm. Si el vuelo tuviera más de diez peldaños, incorpore un descansillo a mitad de camino.

Consejo de seguridad

Los peldaños y las contrahuellas deberían ser del mismo tamaño hasta el final del vuelo, y los peldaños tener una ligera caída de atrás hacia delante para evacuar el agua de lluvia y que no se congele ahí.

Trucos del oficio

Para saber el número de peldaños que necesitará, ponga una cuerda horizontal y un rodrigón largo en el suelo al pie del talud para medir su altura. Divida esto por la altura de cada escalón para calcular cuántos peldaños necesitará. Divida la longitud de la cuerda por el número de escalones para comprobar que el peldaño tendrá una profundidad de por lo menos 300mm.

Preparación del lugar

1. Utilice estacas y cuerda para marcar los lados del vuelo y las posiciones de los peldaños en la pendiente. Recuerde que los peldaños tendrán que tener al menos 300 mm desde la parte trasera a la delantera. Si se utilizan baldosas cuadradas de 450 mm de lado se queda un escalón de unos 350 mm de profundidad, dejando espacio para la contrahuella que se construirá en la parte posterior.

2. Quite la cuerda atravesada y utilice una pala para hacer la forma de los escalones en el talud. Las estacas actuarán como guía para saber dónde irá el frente de cada escalón. Empiece en la parte alta de la pendiente y siga hacia abajo, para que no rompa los bordes de los peldaños que ha cortado poniéndose sobre ellos.

3. Cave una zanja al pie del vuelo y eche una capa de hormigón de 100 mm de espesor como cimiento y de unos 300 mm más larga que la anchura del vuelo y de una anchura de 300 mm (ver página 59). Deje que el cimiento se asiente durante tres días antes de empezar a construir el vuelo de escalones.

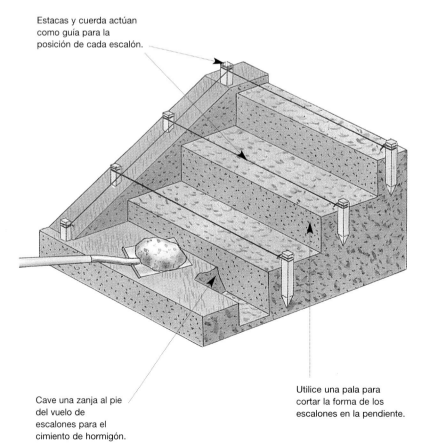

Estacas y cuerda actúan como guía para la posición de cada escalón.

Cave una zanja al pie del vuelo de escalones para el cimiento de hormigón.

Utilice una pala para cortar la forma de los escalones en la pendiente.

1. Extienda un lecho de mortero en el centro del cimiento de hormigón y ponga la primera hilada de ladrillos o bloques sobre él. Cuatro ladrillos en aparejo a soga hacen un vuelo de escalones de 900 mm de ancho, ideal para pavimentar con baldosas cuadradas de 450 mm. Luego corte un ladrillo o bloque por la mitad para empezar la segunda hilada de la contrahuella. Eche mortero y complete la segunda hilada.

2. Rellene la parte trasera de los ladrillos o bloques de la primera contrahuella con áridos triturados que compactan mejor que el firme de suelo, porque éste contiene una mezcla de trozos grandes y pequeños. Apisónelo bien con un poste de una valla u otro elemento similar de madera gruesa, teniendo cuidado de no mover los bloques o ladrillos que acaba de colocar.

3. Extienda un lecho de mortero sobre la parte superior de la primera contrahuella y sobre el relleno, sitio donde irán las baldosas que formarán las huellas. Ponga la primera baldosa comprobando que está nivelada lateralmente y que tiene una ligera caída para permitir que el agua drene. Coloque la segunda baldosa de la huella junto a la anterior, apriétela para nivelarla con la contigua y retire el exceso de mortero que salga por la parte frontal de las huellas.

4. Coloque los ladrillos o bloques de la segunda contrahuella detrás de la primera huella. Extienda un lecho de mortero y ponga los ladrillos o bloques como lo ha hecho anteriormente. Rellene la parte posterior y ponga las dos nuevas baldosas, utilizando el mismo método que antes. Continúe construyendo contrahuellas y colocando peldaños hasta que haya completado el vuelo. Finalmente, déle el acabado y extienda mortero seco en las juntas entre los peldaños.

5. Si los bordes cortados de los peldaños muestran signos de haberse desmenuzado, construya unas pequeñas paredes de ladrillo a cada lado para contener la tierra.

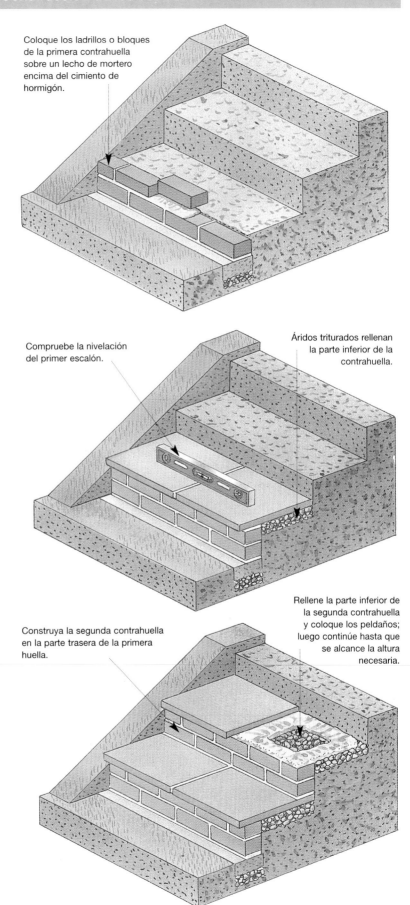

Coloque los ladrillos o bloques de la primera contrahuella sobre un lecho de mortero encima del cimiento de hormigón.

Compruebe la nivelación del primer escalón.

Áridos triturados rellenan la parte inferior de la contrahuella.

Construya la segunda contrahuella en la parte trasera de la primera huella.

Rellene la parte inferior de la segunda contrahuella y coloque los peldaños; luego continúe hasta que se alcance la altura necesaria.

Construcción de escalones independientes ⚒

Si usted está integrando distintos niveles del jardín mediante la formación de muros de contención, necesitará instalar unos escalones que le faciliten un acceso cómodo de un nivel a otro. La manera más fácil de hacerlo es construir un tramo de escalones independientes entre las dos alturas. Esto es más dificultoso que construir escalones sobre un talud, porque tiene que crear una estructura completa en lugar de dejar que el talud haga la función de soporte de los escalones.

Planifique la forma y dimensiones de los nuevos escalones en relación al tipo de pavimento y de pared que va a colocar. Quedará mejor si los ladrillos o bloques que va a utilizar son los mismos que los del muro de contención, y elija un pavimento que iguale al que ya tiene en cualquier otro sitio del jardín. La mayoría de los materiales para pavimentar ofrecen baldosas de diferentes tamaños, así que puede elegir la que mejor se adapte a las dimensiones de los escalones. Un tramo independiente de escalones necesita cimientos donde apoyar el perímetro del muro, así como la fábrica interna sujeta el contorno de las huellas. Limpie de vegetación y tierra la zona donde se van a instalar los escalones y excave a una profundidad de unos 200 mm. Eche una capa de firme de suelo de unos 100 mm de profundidad y utilice arena para rellenar los vanos. Luego eche y nivele un cimiento de hormigón de 100 mm con un grosor unos 100 mm más largo en cada dimensión que el tramo de escalones. Mire en las páginas 88-91 sobre hormigonado. El tramo de escalones que se muestra en el ejemplo está construido junto a un muro de contención de cuatro ladrillos de altura. Tiene cuatro ladrillos de ancho, así como una contrahuella de dos ladrillos de altura y huellas formadas por dos baldosas de pavimentar de 450 mm de lado. La huella superior descansa sobre la pared y sobre la tierra retenida detrás de ésta.

✋ Consejo de seguridad

La altura y la anchura de un tramo de escalones, así como los materiales utilizados, contribuyen a su propia seguridad. Para asesorarse vea las páginas 72-73.

Herramientas necesarias

Tacos y cuerda
Laya
Carretilla
Paleta
Nivel de burbuja
Escuadra de albañil (ver cuadro en página 62)
Cincel para ladrillo
Maza
Listón recto de madera

1 Extienda una capa de mortero dentro del perímetro de la fábrica y coloque la primera hilada. Apriételos con el mango de la paleta. Utilice un nivel para comprobar que están nivelados, y una escuadra de albañil para comprobar las esquinas. Termine cada hilada con medio ladrillo.

2 Comience la segunda hilada con un ladrillo entero. Sobre tramos de más de 450 mm de altura, tendrá que ensamblar los escalones a la pared para evitar distanciamiento entre los escalones y la pared con el paso del tiempo. Puede también sacar medio ladrillo de la pared y acoplar un ladrillo

entero de los escalones dentro del hueco o usar perfiles metálicos de extensión de pared (ver páginas 40-41).

3 Complete la segunda hilada de ladrillos. Una vez más, utilice el nivel para comprobar que la hilada está perfectamente enrasada, con todos los ladrillos correctamente alineados y con la cara en vertical.

4 Construya las paredes transversales del interior de la caja de ladrillo para sujetar la segunda contrahuella de ladrillo y los bordes de las baldosas que formarán la primera huella. Éstas pueden ser de construcción de panal (es decir, las juntas verticales no necesitan rejuntado).

5 Coloque dos hiladas más de ladrillos para formar la segunda contrahuella y los lados del vuelo, y levante el último soporte interno de pared a la misma altura que el soporte de los bordes de las baldosas que forman la segunda huella. Utilice un nivel para comprobar que la pared está nivelada.

6 Extienda un poco de mortero en la parte alta de los ladrillos que forman el primer escalón. Coloque las dos baldosas que formarán la huella de los escalones. Apisónelos para que se igualen el uno con el otro, con una ligera caída hacia la parte delantera del escalón. Una vez más, utilice el nivel para comprobar la posición.

7 Rellene las juntas entre baldosas y la parte trasera de las mismas, y retire el relleno sobrante entre ellas y los ladrillos de abajo. Sitúe las baldosas que forman el segundo tramo de la misma manera. Si este tramo es la parte alta del vuelo, como en este ejemplo, descanse los bordes traseros de las baldosas sobre la pared de detrás.

VUELO DE ESCALONES MÁS ALTO

Las fotografías que ilustran estas páginas muestran escalones que forman ángulo recto con la pared. Sin embargo, si el muro de contención tiene más de seis hiladas de ladrillo de altura, habrá que añadir más escalones y, como resultado de esto, el vuelo tendrá que extenderse más allá de la pared. Si no fuera posible, bien porque no hay suficiente espacio para ellos o simplemente por razones estéticas, gire el vuelo de escalones 90° para que se eleve en paralelo a la cara de la pared. Tal vuelo se extenderá entonces sobre el nivel más bajo a la anchura de los peldaños.

Utilice la punta de la paleta para quitar el exceso de mortero de las juntas. El esmero en el retoque final puede variar en gran medida la apariencia del acabado de los escalones.

creación de nuevas superficies en exteriores

La mayoría de los propietarios de viviendas quieren que el jardín sea algo más que un paisaje para contemplar desde la casa. Quieren caminar por él sin tener que mojarse los pies, sentarse fuera sin que las sillas y las mesas se hundan en la hierba, y quizá crear elementos decorativos con grava y guijarros. Puede que quieran zonas de hormigón para ofrecer un cimiento a las construcciones en el jardín, o sólo crear una zona barata de aparcamiento para el coche. Los materiales más populares para construir patios, senderos y otras superficies exteriores son baldosas y bloques de pavimentar. Ambos se pueden encontrar en una amplia variedad de estilos, formas y colores, y son muy fáciles de colocar para el jardinero paisajístico aficionado. Lo único que tiene que hacer usted es elegir y colocarlo.

Para zonas que no tienen que soportar mucho peso, tales como patios o senderos, las baldosas se pueden colocar sobre una base de arena, mejor que sobre mortero.

Colocación de baldosas sobre arena ↗

La manera más sencilla de crear superficies duras en el jardín, tales como patios y senderos, es colocar un pavimento de baldosas sobre lecho de arena. La arena es fácil de colocar como lecho y nivelación, y dará un apoyo firme para baldosas, dado que están destinadas solamente al paso de personas. Como las baldosas tienen un tamaño bastante grande, puede cubrir una zona amplia de manera sorprendentemente rápida una vez el sitio esté limpio y el lecho de arena preparado. Sin embargo, las baldosas grandes son pesadas y si tiene problemas de espalda debería evitar colocarlas.

TAMAÑOS Y ACABADOS DE BALDOSAS

La mayoría de las baldosas de pavimentar son cuadradas o rectangulares, pero se pueden conseguir conjuntos que ya vienen preparados para formar circunferencias. El tamaño de las baldosas cuadradas va desde los 225 o 300 mm hasta los 600 mm de lado, mientras que las rectangulares comienzan en 450 x 225 mm y llegan hasta 900 x 600 mm. Esta última se suele utilizar para colocar pavimentos, pero es quizá demasiado grande para un jardín pequeño y ciertamente demasiado pesada para levantarla y colocarla una sola persona. Existen acabados lisos, rugosos y rajados, que son una imitación a la piedra natural partida. Los colores van desde el blanco al rojo y del granito a la pizarra. Existen baldosas más baratas de hormigón. Éstas son relativamente frágiles y muy difíciles de cortar. Las baldosas más caras están prensadas hidráulicamente, lo que las hace más resistentes y más fáciles de cortar.

👍

Trucos del oficio

Necesita prever el número de baldosas precisas. Para evitar cortes innecesarios y pérdidas de tiempo, planifique una zona que tenga un número entero de baldosas en longitud y anchura. Tome medidas de la zona, elija las baldosas que quiere utilizar y anote su tamaño. Luego es una simple tarea de disponerlas en cuadrado o rectángulo o una mezcla de los dos, utilizando papel milimetrado para hacer un dibujo a escala de la colocación. Esto no solamente le ayudará a colocarlas sino que también, cuando las encargue, sabrá el número exacto de baldosas de cada tamaño que tiene que pedir y evitará derroches innecesarios.

Herramientas necesarias

Cinta métrica

Estaquillas y cordel

Pala

Martillo

Carretilla

Laya y rastrillo

Nivelador (hecho a mano)

Nivel de burbuja

Maceta

Cincel para ladrillo y maza

Cepillo de pelo duro

1 Marque y deje limpio el lugar, luego excave a una profundidad de 100 mm. Compacte la tierra si no se ha removido recientemente. Si no es así, cave 75 mm más, luego eche y compacte una capa de grava o roca machacada sobre el sitio. Apisónela firmemente con el poste de una valla. A menos que el pavimento quede enrasado con el césped, rodee la zona con tablas de 100 mm de ancho para crear un borde que contenga el lecho de arena. Utilice madera tratada de 25 mm de espesor, clavada a las estacas de madera incrustadas en la tierra.

2 Lleve la arena al lugar en una carretilla y rastríllela para que se quede a 50 mm de espesor. Utilice una tabla como nivelador para alisar y nivelar la arena. Descanse un nivel en la parte alta de la tabla según va trabajando para comprobar que el lecho de arena tiene una ligera caída hacia fuera para drenaje. Arrodíllese sobre la tabla según pasa para no mover la arena.

Trucos del oficio

Para calcular la arena que tiene que encargar, mida la longitud y la anchura de la zona que va a pavimentar y multiplique ambas medidas para obtener el área en metros cuadrados. Luego divida este resultado entre 20 para obtener el volumen en metros cúbicos para una capa de 50 mm de espesor. Añada un 10 por 100 al volumen total para relleno y juntas.

3 Coloque la primera baldosa en una esquina de la zona y apisónela en el lecho de arena utilizando una maza o el mango de una maza. Compruebe que la baldosa está nivelada en una dirección y tiene el desnivel correcto en la otra.

4 Coloque la siguiente baldosa, arrimándola bien a la primera si quiere que queden pegadas, o utilizando espaciadores de madera si prefiere juntas más anchas. Apriétela y compruebe que está al mismo nivel que la de al lado, a la misma distancia de la casa. Si la baldosa se ha puesto demasiado baja, levántela, añada un poco más de arena y vuelva a colocarla.

6 Una vez esté completa cada fila, coloque la iguala a lo largo de las mismas para comprobar que las baldosas están niveladas. Luego compruébelo a lo ancho y realice los arreglos necesarios.

quite los últimos espaciadores y eche un poco de arena con la pala sobre la superficie. Utilice un cepillo suave para esparcir la arena dentro de las juntas entre las baldosas, luego retire la sobrante.

7 Si el diseño conlleva cortar alguna baldosa, marque la línea de corte a lápiz o tiza y utilice un cincel de ladrillo y una maza para hacer una hendidura en la baldosa. Luego sitúe la baldosa sobre arena y golpee la hendidura con más fuerza para que se parta por la línea. Si tiene que cortar muchas será buena idea alquilar una amoladora, la cual hará unos cortes más limpios y más rápidos. Cuando haya colocado todas las baldosas,

Trucos del oficio

Si está colocando pavimento en una zona que tiene un registro de agua, no lo cubra. La arena entraría por el desagüe y tendría que realizar un laborioso trabajo para levantar la baldosa para poder acceder debajo. Contrate a un albañil para que levante y vuelva a colocar el marco de tal manera que la cobertura esté nivelada con el nuevo pavimento (o realícelo usted mismo añadiendo una hilada de ladrillos alrededor de la parte alta de la cámara).

5 Siga colocando baldosas en la primera fila, quitando los espaciadores tan pronto como cada baldosa quede rodeada de otras. Siga el trazado que quiera a menos que esté colocando solamente baldosas con un modelo cuadrangular.

No es necesario rellenar las juntas con mortero cuando se colocan baldosas sobre arena; es suficiente con esparcir más arena sobre las juntas.

Colocación de pavimento de adoquines ⚒

Los adoquines son los elementos para pavimentar que más se utilizan en superficies exteriores. Tienen la ventaja de que son pequeños y más fáciles de manejar que las baldosas, están concebidos para colocar sobre un lecho de arena y no necesitan el retoque final, porque quedan unos junto a otros. Además, a diferencia de otros materiales para pavimentar que se colocan en seco, éstos aguantan el peso de un coche. El único inconveniente es que se tarda más tiempo en cubrir un área con adoquines que con baldosas, y el área pavimentada tiene que tener borde para contener el lecho de arena.

Los adoquines generalmente son rectangulares y de un grosor de 50-60 mm. El tamaño más común es de 200 x 100 mm, pero se pueden conseguir de otros tamaños. También hay una amplia variedad de colores. La superficie es ligeramente áspera, con los bordes biselados para acentuar su perfil una vez están colocados. Tanto los adoquines normales como los adoquines de bordillo se pueden usar como límite de contorno; éstos necesitarán ser colocados en mortero. Los adoquines se pueden encontrar en varios diseños, desde el simple ligamento regular a intrincados modelos en espiga. La mayoría de los diseños se colocan paralelos al borde que lo contiene, pero se pueden colocar también los bloques cruzados en ángulo, generalmente 45°. Tenga en cuenta que la arena utilizada para poner el lecho deberá ser arena gruesa (para hormigonar), no arena fina (de construcción), que no compacta tan bien y puede también manchar los bloques.

Herramientas necesarias

Laya

Cinta métrica

Estacas y cordel

Carretilla y pala

Rastrillo y pisón

Igualador

Compactadora alquilada (sólo pasos de vehículos)

Nivel

Paleta

Maza de goma

Cincel para ladrillo

Maza

Cortador de baldosas (opcional)

Cepillo

1 Limpie la zona de cualquier vegetación y marque el área que va a excavar. Cave la zona a una profundidad de unos 100 mm para patios y senderos, y compacte el subsuelo con un poste de valla grueso. Para un camino de entrada de coches, excave 100 mm adicionales, luego añada una capa de 100 mm de firme de suelo o roca machacada. Compacte esta capa utilizando una compactadora alquilada (ver cuadro).

2 Coloque los demarcadores de borde alrededor del área que va a ser pavimentada. Ponga el borde de adoquín o piedra de bordillo en el lecho de mortero o, alternativamente, clave bordes de madera tratada para reforzar las estacas. Permita que el mortero se endurezca durante 24 horas antes de colocar los adoquines.

3 Llene una carretilla con arena y viértala en el área que se va a pavimentar. Cuando haya echado toda la arena, rastríllela a una profundidad uniforme de unos 50 mm. Utilice una llana para alisar y nivelar la arena, trabajando desde una tabla para que usted no compacte el lecho de arena pisándola. Forme montones de bloques separados a intervalos alrededor del perímetro del lugar.

COLOCACIÓN DE ADOQUINES EN CAMINOS DE ENTRADA PARA VEHÍCULOS

Si va a colocar adoquines en un paso para vehículos, tiene que asentarlos bien en el sitio para evitar que se hundan con el peso de los vehículos. Para hacer esto alquile una compactadora. Esta máquina vibra según va pasando por encima de los bloques colocados, asentándolos dentro del lecho de arena y también compactándolos para que no se hundan. Debería hacer una pasada de la máquina después de colocar los bloques, y otra después de echar la arena en las juntas. Esta herramienta también es ideal para compactar el firme de suelo y la roca triturada que se utiliza como base de zonas pavimentadas.

4 Coloque los primeros adoquines junto a una de las orillas siguiendo el modelo que haya elegido. Si está haciendo un patio o sendero, apriételos hacia abajo dentro del lecho de arena utilizando una maza de goma. Si está creando un paso de carruajes, simplemente colóquelos en el sitio. Asegúrese de que los adoquines estan en contacto unos con otros.

5 Después de colocar aproximadamente un metro cuadrado de adoquines, ponga el nivel sobre la igualadora y sitúelo encima de los adoquines en varias direcciones para comprobar que están nivelados y encajados al mismo nivel con los demás. Golpee aquellos que sobresalgan respecto al de al lado.

6 Siga colocándolos en toda la franja, comprobando regularmente que está manteniendo el modelo correctamente. Dependiendo del modelo elegido y el trazado del lugar, es probable que tenga que cortar algunos adoquines para acabar la superficie. Primero coloque tantos adoquines enteros como pueda; luego inserte los adoquines cortados, golpeándolos para que encajen en su sitio.

7 Puede cortar los adoquines con un cincel y una maza, como se muestra aquí, pero se ahorrará tiempo y esfuerzo (y estropeará menos adoquines) si alquila ese día un cortador de baldosas hidráulico. Marque con tiza la línea por donde va a cortar, coloque el adoquín en el cortador y tire de la palanca para que el adoquín se divida en dos. Una vez

colocados todos los adoquines cortados, ponga el nivel sobre ellos para comprobar la nivelación una vez más y golpéelos si alguno despunta. Cuando esté satisfecho, extienda bastante arena seca fina sobre la superficie y vaya barriéndola hasta que todas las juntas estén rellenas. Quite la arena sobrante.

Asegúrese de que pasa el cepillo por toda el área pavimentada, introduciendo las cerdas en las juntas, dejándolas bien rellenas con arena para un perfecto acabado.

Colocación de baldosas sobre mortero ⤢

Si usted quiere utilizar baldosas para solar una entrada para vehículos u otra zona por la que transitará algo más aparte de personas, necesita colocarlas sobre un lecho de mortero con una base de hormigón para asegurar que las baldosas tengan una base suficientemente sólida y no se rompan con el peso. Puede también colocar baldosas sobre mortero, en vez de arena, en patios y senderos. En este ejemplo, no se requiere una base de hormigón, pero el terreno debajo de las baldosas tiene que estar firme y bien compactado.

Hormigonar desde el principio para colocar baldosas encima para crear un paso de vehículos es una manera cara de establecer este tipo de elemento exterior, pero si el hormigón ya estaba puesto allí, se transforma en una forma más económica. En tanto en cuanto la base de hormigón existente esté en buenas condiciones, en otras palabras, que no esté llena de roturas, ni hundida, y tenga al menos 100 mm de espesor, hará el cimiento perfecto para un camino de vehículos pavimentado. Igual que colocar baldosas sobre arena (ver páginas 78-79), el secreto del éxito recae en una planificación cuidadosa. Tómese tiempo para elegir las baldosas que quiere, tendrá que vivir con el resultado durante algún tiempo, y estudie la colocación para evitar tener que cortar baldosas a menos que no se pueda evitar. Sobre una base de hormigón existente quizá tenga que mezclar baldosas de diferentes tamaños para asegurar que tendrá baldosas enteras en los bordes. Aumentando o disminuyendo el espaciado entre baldosas quizá le ayude a evitar tener que cortarlas.

Herramientas necesarias

Cinta métrica

Pala

Paleta

Maza de goma

Nivel de burbuja

Listón recto

Regadera

Paletín

Cepillo duro

Cincel para ladrillo

Gafas protectoras

Guantes de trabajo

Patios y senderos

Después de planificar (y, si fuera necesario, trazar un plano a escala) la colocación de las baldosas, limpie y marque el lugar. Si se va a colocar sobre subsuelo de tierra, asegúrese de que está bien compactado. Haga bastante mezcla de mortero en la proporción de una parte de cemento y seis partes de arena (fina) de construcción. Compacte la tierra a conciencia y coloque cinco porciones de mortero en el sitio donde se colocará la primera baldosa, una bajo cada esquina y una en el centro. Coloque la baldosa en su sitio sobre el mortero y golpéela con el mango de una maza para que quede perfectamente horizontal. Luego repita el proceso para colocar otras baldosas en toda la zona, comprobando la horizontalidad de cuando en cuando con un nivel que descanse sobre un listón recto de madera. Cuando haya colocado las baldosas, eche con un cepillo una mezcla de cemento y arena dentro de las juntas y rocíe agua sobre el pavimento con una regadera para humedecer el mortero y hacer que se endurezca entre las baldosas. Una vez seco, el mortero cierra la baldosa y asegura que no se mueva.

Pasos para vehículos

1 Si va a colocar un paso para vehículos sobre una base de hormigón, pase un cepillo duro sobre la superficie del hormigón para quitar cualquier material suelto, y trátelo con un lavado fungicida para evitar que crezcan semillas, líquenes y algas. Con esto se evitará durante una temporada que ninguna hierba salga por las juntas, aunque tendrá que tomar medidas para controlar este problema en el futuro. Extienda un cuadrado generoso de mortero blando, donde se colocará la primera baldosa, y añada dos surcos cruzados en el centro; esto se denomina caja y cruz entre los profesionales.

2 Sitúe la primera baldosa sobre el mortero y golpéela con una maza. Esto comprimirá el lecho creando una capa continua y asegurará la baldosa al hormigón. Utilice un nivel para comprobar la nivelación de la baldosa (siempre y cuando la base de hormigón esté nivelada, por supuesto).

3 Vuelva a echar mortero en cuadrado y en cruz para la siguiente baldosa, colóquela y ponga dos espaciadores de madera entre ella y la primera baldosa. Esto asegura que el hueco de relleno permanece uniforme en todo el solado. Luego golpee la baldosa y compruebe que está nivelada y alineada con la primera.

4 Coloque el resto de las baldosas de la misma manera con espaciadores entre ellas, trabajando fila a fila. Puede quitar los espaciadores tan pronto como cada una de las baldosas haya sido rodeada por otras baldosas por todos los lados.

5 Deje que el mortero se endurezca durante toda la noche. Mezcle bastante cantidad de mortero seco para que no manche las baldosas, y échelo dentro de las juntas con un paletín. Utilice un trozo de madera para remeter el mortero bien. Deje que el mortero se seque sobre las baldosas y luego pase un cepillo.

Corte de baldosas

1 Si únicamente tiene que cortar unas pocas baldosas, hágalo a mano. Utilice gafas de protección y guantes, marque la línea de corte y haga una estría superficial con un cincel de ladrillo y una maza. Alternativamente, marque la línea con repetidos pases del borde del cincel.

2 Sitúe la baldosa marcada sobre un lecho de arena y ponga el cincel en el centro de la línea. Golpee con firmeza con una maza y la baldosa se partirá. Si tiene que cortar muchas baldosas, será mejor que alquile una amoladora para ese día.

ASEGURAR DRENAJE SUFICIENTE

Con las juntas de las baldosas rellenas de mortero, el agua de lluvia no drenará igual que lo hace cuando están rellenas de arena. Por ello debería colocar las baldosas con inclinación para evitar que se formen charcos en la superficie cuando llueva. La inclinación debería ser continua y uniforme en la zona pavimentada. Si el pavimento está próximo a la casa, coloque las baldosas con caída hacia el lado contrario. Haga una caída de 1 en 40, es decir, 25 mm de caída por cada metro de anchura de patio o paso de vehículos.

Trucos del oficio

Sellado del hormigón: Si la baldosa de hormigón existente tiene polvo, trátela con una solución de adhesivo pva (acetato de polivinilo), diluido según las instrucciones del fabricante, para utilizar como sellador. No solamente dejará bien la superficie del hormigón, sino que además ayudará a que el mortero se trabe bien con el hormigón, asegurando que la baldosa no se soltará con el paso del tiempo.

Plantas en las ranuras: Si quiere que el pavimento tenga un aspecto informal, coloque las baldosas dejando mayor anchura en las juntas que lo habitual y rellénelas con tierra en vez de con mortero para dejar que la hierba, musgo y plantas pequeñas salgan. Mezclando baldosas de diferentes tamaño también parecerá menos formal que las de igual tamaño colocadas en líneas seguidas.

Colocación de pavimento irregular ⤢⤢⤢

El pavimentado irregular es una superficie compuesta por baldosas de piedra de contorno irregular, colocadas sobre mortero y con rellenado entre las piezas. La piedra utilizada normalmente son las baldosas partidas de forma variada, aunque la piedra natural también se puede colocar como pavimentado irregular de la misma manera. Quizá su nombre viene del aspecto resquebrajado que ofrece la cerámica antigua, y la apariencia del pavimentado irregular bien colocado es similar. Las piedras tienen que estar bien ajustadas y retocadas cuidadosamente con detalle para evitar un acabado poco estético.

La principal atracción del pavimento irregular, aparte de su apariencia informal y rústica, es que es barato, porque se puede conseguir en cantidades grandes en empresas de demolición y también en algunos ayuntamientos. Como guía somera, una tonelada de baldosas partidas cubrirán una superficie de 9-10 metros cuadrados, pero esto depende del grosor de las baldosas. Pida a su proveedor que le aconseje cuando las encargue. Quizá se le ofrezca un modelo de piedras en un color y textura predominante, o una mezcla al azar. Generalmente, el pavimento irregular parece mejor si todas las piezas son más o menos del mismo tono.

Cuando le sirvan el pedido, apile las piedras en grupos. Las piezas con dos lados en ángulo recto formarán las esquinas, mientras que las que tengan un lado recto servirán como piedras de contorno. Separe las piedras grandes irregulares para colocarlas en el centro, y las piezas pequeñas para irlas ajustando a los huecos. Apile los grupos alrededor de la zona de pavimentado para que las tenga a mano según vaya trabajando.

La mejor base para este tipo de pavimento es un hormigonado viejo que necesite un lavado de cara. La alternativa es colocar una capa de firme de suelo o roca triturada sobre un subsuelo bien allanado. Barra el hormigón y quite los trozos sueltos de la superficie, trátelo con un fungicida si está cubierto de líquenes y algas verdes, y selle la superficie con adhesivo de pva (acetato de polivinilo) si está muy estropeado. Limpie una zona de vegetación, alise el terreno y eche una capa de roca machacada de 75 mm, dejándola preparada para el lecho de mortero que tendrá el pavimento.

Herramientas necesarias

Pala

Carretilla

Hormigonera alquilada

Paleta

Maza de goma

Nivel de burbuja

Listón recto

Maza

Cincel para ladrillo

Paletín

Tabla para el mortero

Cepillo duro

1 Mezcle la primera tanda de mortero utilizando una hormigonera alquilada –necesitará tal cantidad de mortero para el lecho y el acabado que mezclarlo a mano sería complicado–. Mezcle una parte de cemento y cinco partes de arena gruesa, y déjelo ligeramente aguado. Empiece a trabajar en un rincón, echando suficiente mortero para cubrir aproximadamente un metro cuadrado. Pase la paleta para dejarlo a un grosor de unos 50 mm.

2 Coja una piedra de esquina y colóquela dentro del mortero, golpeándola con una maza o el mango. Compruebe si está nivelada y asegúrese de que está alineada con los bordes. Si no es así, utilice un cordel que le sirva como guía para acoplar los bordes de las baldosas.

3 Elija una piedra grande de las de contorno que se acople bien a la que está en la esquina –recuerde dejar una junta de no más de 25 mm de anchura o si no el pavimento quedará muy desequilibrado–. Póngala en su sitio y apriétela contra el mortero utilizando una maza; luego compruebe que está nivelada con la piedra de la esquina.

4 Continúe colocando las piedras del perímetro y las esquinas hasta completar el contorno. Según va poniendo las piedras, el mortero rezumará entre ellas. Déjelo, porque así reducirá la cantidad de relleno después, pero asegúrese de que no se derrama sobre la superficie de las piedras.

5 Eche más mortero, extiéndalo y empiece a colocar las piedras grandes del centro, trabajando de una esquina a otra. Utilice cincel y maza para desbastar las piedras para que ajusten mejor. Vaya comprobando con un listón recto que las piedras están niveladas con las demás, colocando el extremo del listón sobre las piedras del contorno. Apoye las rodillas sobre una tabla según va trabajando para evitar mover las piezas que ya están colocadas.

6 Utilice las piezas más pequeñas para llenar los huecos, de nuevo desbastándolas si fuera necesario. Utilice el mortero que queda para rellenar los espacios entre piedras. Deje que el mortero se endurezca durante toda la noche antes de empezar con el relleno, la parte del trabajo que más tiempo lleva.

7 Haga un mortero para el relleno con una parte de cemento y cinco partes de arena fina. Deberá estar un poco más seco que el que se utilizó para hacer el lecho, para evitar que manche la superficie de las piedras. Échelo en las juntas desde el tablero donde lo habrá trasladado, luego pase el borde de la paleta por el borde de cada piedra para retirar unos 3 mm de mortero y forme dos biseles que se encuentren en el centro.

8 Si se le cae algo de mortero sobre las piedras, déjelo que se seque; si lo quita cuando está húmedo, dejará manchas. Una vez el mortero de relleno se haya endurecido, pase un cepillo por la superficie pavimentada para quitar los restos.

El pavimento irregular tiene una apariencia rústica e informal que se acrecentará colocando arbustos y flores que caigan sobre él.

Colocación de grava y guijarros ↗

Un sendero o camino de entrada realizado con grava produce un contraste atractivo con los materiales lisos de pavimentar, especialmente si el árido se elige con cuidado. Estrictamente hablando, la grava está compuesta por pequeños guijarros redondeados y se puede encontrar de varias clases según sean las formas naturales. Los áridos de piedra machacada son piedras con cantos desiguales y se pueden conseguir en una infinidad de colores, desde el blanco y gris, pasando por rojizos y verdes, hasta el negro. Se pueden colocar en un único tono o se puede hacer una mezcla de colores si lo prefiere.

Herramientas necesarias

Cinta métrica

Laya

Serrucho

Maza

Martillo de uña

Paleta

Pala y carretilla

Rulo de jardín o pisón

Rastrillo

Listón recto de madera

Utilización de guijarros

Los guijarros son piedras de río redondas y grandes. Presentan una superficie incómoda para andar por encima, pero quedan muy atractivos cuando se utilizan en el jardín para dar un contrapunto visual a las superficies lisas, quizá a la orilla de un sendero. Se pueden colocar sueltos, pero quedan mejor sobre un lecho de mortero.

1 Para crear un detalle de guijarros, termine la superficie a la que complementará, un bordillo para adoquines o ladrillos, por ejemplo. Luego extienda un lecho de mortero aguado,

de unos 50 mm de profundidad, y empiece a colocar los guijarros de uno en uno, insertándolos a la mitad de su profundidad.

2 Utilice un listón y una maza para oprimirlos en el lecho de mortero hasta que queden más o menos nivelados. Con esto se asegura que no se soltarán con el tiempo. Cuando el mortero se haya secado, quite el sobrante y aplique una capa de silicona sellante transparente a las piedras para darles un permanente aspecto de mojadas y mejorar su color.

Utilización de grava

Las superficies de grava producen un crujido agradable cuando se camina o pasa un coche por ellas, y son excelentes para disuadir a los ladrones –no se puede pasar por encima de la grava sin hacer ruido, aunque sea de puntillas–. Sin embargo, tiene algunos inconvenientes. Para empezar, necesita un borde para contenerla, como tablas de madera o bordillo de hormigón, para evitar que la grava se derrame por el césped o en los lechos de flores. También tiene que rastrillarla

regularmente para que tenga un aspecto arreglado y curioso, y habrá que aplicar un tratamiento antihierbas de cuando en cuando. Otro inconveniente es que puede atraer a los gatos y perros que anden por el vecindario, que piensan que la grava es la letrina ideal. Por último, llevar una carretilla cargada por la grava es como pasar por arenas movedizas. Si decide crear una zona con grava en el jardín, primero elija el tipo de árido que va a utilizar; luego mida el espacio que piensa cubrir y la profundidad que tendrá para que pueda calcular el volumen necesario. Una profundidad de 50 mm es adecuada para un sendero, pero para un paso de vehículos es mejor poner 75 mm. Tendrá que hacer un pedido grande excepto para los proyectos más pequeños. Un metro cúbico de grava o áridos cubrirá unos 20 m² a una profundidad de 50 mm, y 13 m² a una profundidad de 75 mm. Si su proveedor lo vende al peso, una tonelada cubrirá unos 7,5 m². Los pedidos grandes se entregan sueltos o en bolsas grandes de lona; éstas son preferibles a tener un gran montón porque la grava se transporta mejor al lugar de destino final. Para pequeños proyectos, puede comprar grava y otros áridos en sacos de 25, 40 y 50 kg.

1 Mida el lugar y quite la vegetación y la tierra de encima. Compacte bien el subsuelo. Coloque el borde, bien clavando tablas de madera tratada a estacas fuertes o bien colocando piedras de bordillo de hormigón fino. Si va a utilizar tablas, asegúrelas con tacos acoplados cada metro para evitar que se doblen.

2 Coloque una membrana antisemillas patentada en el lugar para evitar que las hierbas crezcan atravesando la grava. Solape las tiras de la cubierta al menos 100 mm y recorte los bordes.

3 Puede colocar la grava directamente sobre la cubierta, pero si el subsuelo es blando es mejor echar una capa de piedra triturada o firme de suelo primero. Échelo con la pala sobre la membrana a una profundidad de al menos 50 mm.

4 Compacte la piedra triturada con un rodillo pesado de jardín si lo tiene. Si no, utilice un poste pesado de madera, como un mojón de una valla, para apisonar la capa de roca. Para probar si ha apisonado lo suficiente, camine por la superficie; si no deja huellas de las pisadas, entonces la roca está bien compactada.

5 Utilice una carretilla para transportar la grava y póngala en montones. Cuando lo haya hecho, extienda la grava con la pala hasta que alcance la parte superior del bordillo. Tenga cuidado de no remover la capa base compactada. Rastrille la grava para nivelarla, luego coloque un listón recto de madera para comprobar si alguna zona sobresale o queda por debajo. Enrase la primera y rellene la segunda con más grava. Una vez se haya hecho esto, pase el rulo o compáctela bien y deje la superficie de acabado a unos 25 mm por debajo de la parte alta del bordillo.

Es importante rastrillar la grava y rasarla para lograr un acabado atractivo, y es una buena idea hacer esto regularmente para que la grava quede tan bien como si fuera nueva.

Hormigonado – 1 ✂✂

El hormigón se puede utilizar para crear un paso de vehículos, un patio o un sendero, pero, en contraposición a las baldosas y los bloques de solado, su aspecto se deteriora con el paso del tiempo. También puede formar basamentos para construcciones de jardín de poco peso, tales como casas de verano, cobertizos y cuartos de trabajo, y es el material utilizado para crear cimientos de todo tipo de estructuras de jardín, como tapias, arcos y escalones. Su principal ventaja sobre otros materiales utilizados para superficies exteriores es que es muy económico.

Ingredientes

El hormigón es una mezcla de áridos finos y toscos –piedras de hasta unos 20 mm de diámetro con piedras más pequeñas y arena gruesa– que quedan ligados en una matriz sólida por medio del cemento. Puede comprar los ingredientes por separado en los almacenes de construcción y mezclarlos usted mismo; también puede comprar sacos de mezcla preparada en seco de cemento y áridos (ideal para pequeños trabajos), o pedir hormigón preparado y ya mezclado (lo mejor para áreas grandes).

El hormigón preparado quizá se lo lleve un camión hormigonera con su típico tambor, que gira lentamente, o puede que se lo entregue un vehículo más pequeño que lleva cemento seco, áridos y una hormigonera, y puede mezclar la cantidad necesaria en el mismo lugar. Los camiones hormigoneras pueden volcar hasta unos seis metros cúbicos de hormigón de sus tolvas directamente en el lugar. Los vehículos más pequeños echan la mezcla en una carretilla, que usted tendrá que transportar desde el camión.

Los ingredientes de una mezcla de hormigón dependen del uso que se le vaya a dar. Las tres fórmulas estándar se dan en la tabla que aparece más abajo, junto con las cantidades que necesita para hacer un metro cúbico de hormigón. Los áridos en general son una mezcla de arena fina y áridos de 20 mm. Mezcle siempre los ingredientes calculando su volumen. Mezcle tandas basadas en un cubo de cemento más el número necesario de cubos de arena y áridos.

USO	MEZCLA	PROPORCIÓN	CANTIDAD POR M³
Cimiento para uso en general (la mayoría de trabajos excepto cimientos y pavimentos expuestos)	cemento	1	6,4 sacos (320 kg)
	arena gruesa	2	680 kg (0,45 m³)
	árido de 20 mm	3	1.175 kg (0,67 m³)
	árido en general	4	1.855 kg (0,98 m³)
Cimientos (franjas, baldosas y bases de pavimentos)	cemento	1	5,6 sacos (280 kg)
	arena gruesa	2,5	720 kg (0,5 m³)
	árido de 20 mm	3,5	1.165 kg (0,67 m³)
	árido en general	5	1.885 kg (1 m³)
Pavimento (baldosas expuestas, especialmente pasos de vehículos)	cemento	1	8 sacos (400 kg)
	arena gruesa	1,5	600 kg (0,42 m³)
	árido de 20 mm	2,5	1.200 kg (0,7 m³)
	árido en general	3,5	1.800 kg (0,95 m³)

Mezclado de su propio hormigón

Para mezclar a mano necesitará una superficie lisa y dura. Una plancha de contrachapado para exteriores está bien para proteger caminos o patios, sobre los que no se debe trabajar, ya que el hormigón los puede estropear, aunque en seguida los riegue con una manguera. Se pueden comprar bandejas de plástico de un metro de ancho para mezclar pequeñas cantidades.

Herramientas necesarias

Pala

Cubo limpio

Carretilla

Hormigonera alquilada

A mano

1 Mida la arena y los áridos y póngalos en un montón. Forme un cráter en el centro con una pala y añada el cemento. Mezcle los ingredientes en seco hasta que el montón quede uniforme en color y textura. Si va a utilizar mezcla de hormigón preparada en seco, vierta el saco y mezcle totalmente.

2 Forme un cráter en el centro del montón y añada agua. El árido ya contendrá una cierta cantidad de agua, así que la cantidad que necesita añadir la tendrá que ir probando al principio. Después de dos o tres tandas, será capaz de medir exactamente la cantidad necesaria que tiene que añadir.

3 Eche el material seco desde los bordes a la parte central del cráter. Siga mezclando y añada un poco más de agua cada vez hasta que la mezcla alcance la consistencia correcta; debería retener los pegotes que se forman con la pala. Si está

demasiado aguado, añada ingredientes secos, correctamente proporcionados, para espesarlo de nuevo.

Con una hormigonera

Si está utilizando una hormigonera, póngala de pie y compruebe que es segura. Eche algún árido y agua en el tambor y comience a girarla. Añada la mayor parte del cemento y la arena, luego agua y material sólido alternativamente, para asegurar la mezcla completa. Deje girar la hormigonera durante dos minutos una vez todos los ingredientes estén dentro, luego vierta un poco del contenido en una carretilla. La mezcla se debería soltar con facilidad de las cuchillas de la hormigonera.

Preparación del enconfrado

Los cimientos de hormigón para paredes generalmente se pueden verter directamente en la zanja preparada, dado que quedarán escondidos una vez la pared se construya. Sin embargo, superficies tales como senderos, patios y bases de edificaciones necesitan tener bordes rectos verticales, y la manera de crear éstos es echar el hormigón dentro de lo que es conocido como encofrado o armazón –listones de madera apoyados sobre tacos de madera fuertes para formar un molde para el hormigón–. La parte alta de los bordes del encofrado hacen de guía niveladora para la argamasa, mientras que su cara interna deja un borde moldeado nítido.

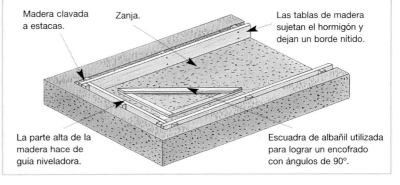

Madera clavada a estacas.

Zanja.

Las tablas de madera sujetan el hormigón y dejan un borde nítido.

La parte alta de la madera hace de guía niveladora.

Escuadra de albañil utilizada para lograr un encofrado con ángulos de 90°.

Hormigonado – 2

Con la mezcla de hormigón y el encofrado, usted ya está listo para empezar a colocar la zona de hormigón. Asegúrese de que ha excavado el terreno a la profundidad correcta y que ha echado y compactado una capa de roca machacada o firme de suelo si fuera necesario –ver páginas 18-19 para detalles–. Compruebe que el encofrado está en ángulo de 90° y nivelado, o tiene una ligera caída si se necesita un drenaje para el agua de lluvia.

Si la zona que se va a cubrir con el hormigón es amplia no se podrá hacer en una sola placa o se romperá debido a la expansión y la contracción. Por ello tiene que dividir el lugar en varias partes, separando cada una de ellas de la contigua por medio de una junta de dilatación de madera dura o material similar. Si el sector que va a hormigonar tiene el borde en curva, asegúrese de que las juntas de expansión se ajustan a la curva en ángulos rectos. Si va a utilizar la técnica de forjado (ver página siguiente), las juntas de expansión no son necesarias, simplemente quite el encofrado entre los entramados rellenos y vacíos antes de hormigonar el entramado vacío.

Trucos del oficio

Es mejor no hormigonar si la previsión del tiempo es de heladas, porque se pueden causar daños irreparables si el agua del hormigón se congela. Si una helada inesperada aparece, coloque láminas de polietileno sobre el hormigón y cúbralas con una capa de tierra o arena. Déjelo así hasta que deshiele. Nunca eche hormigón sobre suelo helado.

Compactado del hormigón

La parte más importante del hormigonado es la compactación. Para una superficie pequeña, la herramienta ideal para compactar es un listón de madera de 100 x 50 mm, longitud suficiente para rebasar el encofrado. Si lo desea, añada unas asas de madera a cada extremo del compactador para que usted y otra persona trabajen en tándem. Eche el hormigón con una pala dentro del encofrado, luego pásele el rastrillo para nivelarlo. Asegúrese de que los rincones y bordes quedan bien rellenos. Añada más hormigón hasta que el nivel alcance unos 12 mm por encima de la parte superior de los bordes del encofrado. Sitúe el compactador atravesado sobre el encofrado y empiece a apisonar el hormigón. Vaya pasándolo con un movimiento de vaivén hasta que el hormigón quede al mismo nivel que el encofrado, recorriendo en cada toque la mitad del grosor de la tabla. No es cuestión de que el compactador roce sólo el encofrado. Continúe compactando de esta manera hasta que llegue al final, luego repita el proceso de lado a lado con un movimiento de zigzag para quitar el exceso de hormigón. Si la superficie del hormigón aún contiene pequeños vanos, extienda un poco más y utilice el compactador de nuevo.

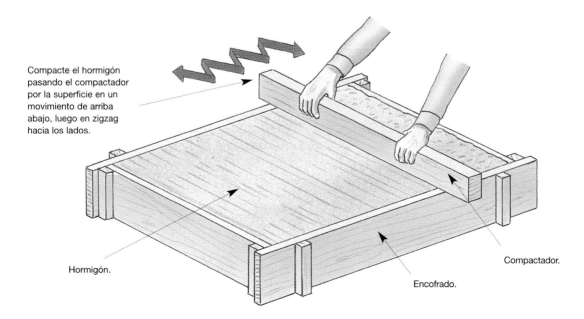

Compacte el hormigón pasando el compactador por la superficie en un movimiento de arriba abajo, luego en zigzag hacia los lados.

Hormigón.

Encofrado.

Compactador.

Corte tablas de madera de la misma anchura que el grosor del hormigón y colóquelas en el borde echando un poco de hormigón en los lados. La parte alta de la tabla debería estar nivelada, sin sobrepasar los bordes del encofrado. Luego rellene de hormigón, trabajando en ambos lados al mismo tiempo para que el peso y la

compactación no saquen la tabla de su sitio. Coloque juntas similares si la zona hormigonada queda junto a algún edificio. Si existe algún registro en la zona que se va a hormigonar, primero coloque el encofrado alrededor del mismo para que quede enmarcado. Cuando se haya fraguado, quite el encofrado y

ajuste las tiras de expansión alrededor antes de hormigonar el resto. Para hormigonar zonas con un trazado irregular, coloque las tablas cruzadas dentro del encofrado para dividir la zona en tramos. Estas tablas siempre quedarán en ángulo recto con las tablas del perímetro.

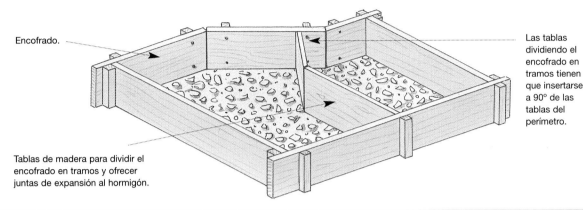

Encofrado.

Tablas de madera para dividir el encofrado en tramos y ofrecer juntas de expansión al hormigón.

Las tablas dividiendo el encofrado en tramos tienen que insertarse a 90° de las tablas del perímetro.

Si la placa de hormigón queda junto a una pared, no podrá usar el compactador en los ángulos de la pared. En su lugar, disponga tramos alternos junto a la pared. Coloque el encofrado como siempre, con tablas

dividiendo los trechos. Sitúe la junta de expansión junto a la pared y rellene entramados alternos, compactando el hormigón en paralelo a la pared. Pasadas 48 horas, quite los bordes y eche el

hormigón en los tramos restantes, utilizando las orillas de hormigón fraguadas como guía para el listón apisonador. No tiene que ajustar las juntas de expansión entre los tramos.

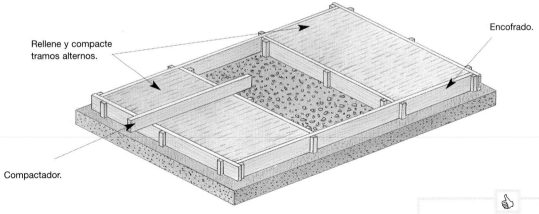

Rellene y compacte tramos alternos.

Encofrado.

Compactador.

ACABADOS PARA EL HORMIGÓN

Puede dejar el hormigón con el acabado rizado creado al compactarlo, pero no es muy atractivo.
Puede darle un acabado rizado más fino si lleva la tabla atrás y adelante con un movimiento como el de una sierra,

en perpendicular al encofrado. Si pasa un cepillo suave por la superficie, aplastará las mogotes y dejará un acabado liso. Una llana le dará una textura de papel de lija fino, mientras que un fratás de metal creará un acabado liso y fino.

Trucos del oficio

El hormigón fresco se debilitará y romperá si se seca demasiado rápido, y esto es más frecuente si la superficie es grande. Tan pronto como se haya echado el hormigón y repasado, cúbralo con una sábana de polietileno, colocando unos ladrillos sobre la madera para que no se vuele. Deje la sábana en el sitio durante tres días.

enlucido y revestimiento

Antes de que las paredes y los techos se puedan decorar con pintura, papel pintado u otros acabados, deben tener una superficie lisa y uniforme. Sobre paredes de ladrillo o de bloques, el yeso hace el trabajo. Es un polvo que se hace mezclándolo con agua en una gaveta de plástico y se aplica a las superficies de paredes y techos, donde se seca para formar una capa dura. Sobre paredes de estructura de madera, se utiliza un tablero de material rígido llamado cartón yeso, para revestir ambos lados de la estructura de la pared. El cartón yeso también se utiliza para formar techos entre vigas de suelo de madera, y para revestir la parte interior de las paredes exteriores, como una alternativa al enlucido. Existen además distintos productos que tienen como base el yeso y se utilizan en toda la casa por sus efectos decorativos, incluyendo dovelas, centros de techo y molduras. Este capítulo habla de cómo se pueden aprovechar.

Las molduras decorativas complementan la elegancia de esta habitación, pero unas molduras lisas se adaptarán mejor a una decoración moderna.

Enlucido de paredes ⁄⁄⁄

La clase de enlucido que más se utiliza en albañilería es una mezcla basada en un mineral llamado yeso. Éste generalmente se aplica con un sistema de doble capa, con una primera mano gruesa y encima una mano de acabado más fina. Los diferentes tipos de yeso se utilizan para dar primeras manos y manos de acabado, y existen distintas técnicas de aplicación para las diferentes bases, como ladrillo, bloques de áridos y bloques térmicos. Pregunte a su proveedor para asegurarse de que elige el material correcto para el trabajo.

La finalidad de la primera capa de enlucido es alisar cualquier irregularidad en la superficie de la pared y repartir en partes iguales las diferencias de absorción de humedad de la fábrica y el relleno para que la capa de acabado se seque sin romperse.

Un profesional enlucirá una pared de una sola vez, midiendo el grosor que están dejando según van trabajando. Sin embargo, el aficionado encontrará inicialmente más fácil dividir la superficie de la pared en una serie de tramos utilizando listones de madera para separarlos. Estos listones actúan como guía de profundidad para ayudarle a aplicar una cantidad uniforme para igualar el grosor del material. Los listones se quitan una vez el yeso se ha asentado, y los canales que dejan se rellenan luego con más yeso, dejándolo listo para aplicar la capa de acabado.

Herramientas necesarias

Cinta métrica

Serrucho de costilla

Martillo de uña

Nivel de burbuja

Cubo

Taladradora y varilla mezcladora

Tablero

Banco de trabajo

Pulverizador

Esparavel

Llana

Escalera de mano

Listón de madera (1,5 m de longitud; 75 x 25 mm)

Fratás de madera

Llana para rincones

1 Clave listones de madera planos de 25 x 10 mm a la pared que va a enlucir, a intervalos de un metro, utilizando clavos pasamuros de 25 mm. Compruebe con el nivel que están verticales e inserte cartulina o cartón de embalaje detrás de ellos, si la superficie de la pared está abombada. Ajuste un listón en cada rincón, y clave un refuerzo metálico en ángulo en las esquinas; éste actúa como guía cuando se está enluciendo y se queda fijo cuando la pared se ha terminado para proteger la esquina.

2 Mezcle la primera hornada de yeso. Como guía para las cantidades, 50 kg de yeso de base cubren unos 8 m² de superficie de pared con una capa de unos 10 mm de espesor. Eche agua limpia en un cubo hasta la mitad, luego por encima esparza en forma de lluvia el yeso seco, remuévalo a mano o con una varilla mezcladora acoplada a una taladradora. Añada más yeso hasta que la mezcla tenga una consistencia de pudín. Échelo sobre un tablero que habrá colocado sobre el banco de trabajo, cerca de la pared que va a enlucir.

3 Humedezca la superficie de la fábrica en el primer tramo utilizando un pulverizador. Al realizar esto se reduce sustancialmente el grado de absorción de la pared, evitando que absorba la humedad del yeso demasiado rápido, lo que produciría una escasa adherencia y el resquebrajamiento del yeso.

4 Ponga el esparavel junto al tablero donde está el yeso y páselo a él. Luego vaya echando el yeso inclinando el esparavel hasta que quede casi vertical y con la llana casi horizontal, deslizándolo por la superficie hacia arriba. Este procedimiento requiere un poco de práctica.

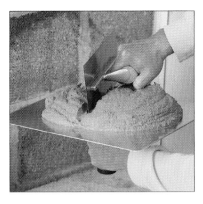

5 Descansando el borde derecho de la llana sobre la parte derecha del listón a ras de suelo, incline la hoja hasta que forme un ángulo de unos 30° con la pared.

Empuje la llana hacia arriba, apretando el yeso contra la fábrica e inclinando progresivamente la hoja hasta la vertical para que el yeso se extienda bien en la pared. Aplique una segunda banda de yeso a la izquierda de la primera. Termine el resto del tramo, aplicando bandas paralelas y enlazándolas. Rellene el centro del tramo de tal manera que sobrepase los listones. Utilice una escalera de mano para llegar a la parte más alta.

6 Cuando el tramo esté completo, pase una barra de madera sobre los listones guía, desde el suelo hacia arriba, al mismo tiempo que lo mueve lateralmente en zigzag. Así se quitará cualquier protuberancia del yeso. Obviamente, si alguna zona ha quedado deprimida, rellénela con más yeso y vuelva a pasar la barra.

7 Introduzca cinco o seis clavos en un fratás de madera, haciendo una línea, a 25 mm del extremo de la hoja, de tal manera que sobresalgan unos 3 mm. Pase la herramienta por la superficie del yeso. Moje la base del fratás y colóquelo en paralelo con el yeso. Luego páselo en un movimiento circular para que los clavos dejen unas ligeras hendiduras.

8 Repita los pasos 3 a 7 para aplicar la base en los tramos restantes. Retire los listones y rellene los canales con yeso. Utilice una llana de ángulo para los rincones. Eche yeso en las esquinas utilizando un listón y una esquinera como guías.

9 El yeso de base tarda unas dos horas en endurecerse, por ello cuando haya terminado ya podrá empezar a aplicar la capa de acabado en el primer tramo. Mezcle un poco de yeso de acabado con una consistencia de helado derretido. Échelo en el esparavel y aplíquelo con la llana como antes, dejando una capa de un grosor máximo de 3 mm. Empiece en la parte inferior de la pared y vaya trabajando hacia arriba, de nuevo con movimientos amplios del brazo. Cubra unos 2 m², luego aplique otra capa, incluso más fina, sobre la primera. Quite las desigualdades y salpicaduras y repita el proceso hasta que haya cubierto la pared entera. Finalmente, moje la llana y pula el yeso pasándole la hoja en paralelo a la superficie.

LISTONES MOVIBLES

Cuando haya cogido experiencia y confianza en el trabajo con yeso, pruebe a aplicar la técnica de listones movibles. Ponga dos listones separados 1,2 m y eche yeso en el espacio que queda entre ellos. Luego quite los listones y vuelva a colocarlos sobre la pared, a 1,2 m de la zona enyesada; así actuarán de guía para la profundidad a un lado del siguiente tramo. Enyese la siguiente zona, luego reposicione otra vez el listón a la misma distancia. Continúe por toda la habitación, tramo a tramo. Cuando vuelva al punto de inicio, el borde del yeso del primer tramo actuará como guía final.

Trabajos con cartón yeso ⚒

El cartón yeso es una plancha de material rígido utilizada para revestir las superficies de paredes de estructura de madera y para techos. Se compone de una zona interna de yeso de poco peso, intercalada entre dos hojas de papel fuerte, que también cubren la longitud de los bordes del tablero. El cartón yeso de apariencia gris está preparado para enlucirlo, mientras que el tablero de color marfil se puede pintar o empapelar directamente. Los tableros de color marfil canteados permiten quedar con las juntas tapadas y listos para decorar.

Tipos de cartón yeso

El cartón yeso estándar, también conocido como pladur, tiene una cara gris y otra de color marfil, y es el modelo que más se utiliza. Se fabrica en paneles de tamaño estándar de 2,4 x 1,2 m y en otros diversos tamaños más pequeños, útiles para trabajos de reparación. También se pueden encontrar paneles más largos para habitaciones con techos altos. El tablero viene con bordes cuadrados o biselados, de 9,5 y 12,5 mm de grosor. El panel base se utiliza para revestir techos, y habrá que darle una capa superficial de escayola para el acabado. Se fabrica solamente con canto cuadrado y tiene papel gris a ambos lados. El tamaño más común es de 1,2 x 0,9 m. Sólo viene en un grosor de 9,5 mm.

Ambos tipos se pueden adquirir con una barrera antivapor. Los tableros antivapor se suelen utilizar en techos de las plantas superiores (para evitar la condensación en el desván) y para paredes de exterior con acabado seco (ver páginas 100-101). El panel termal tiene una capa de aislamiento rígido unida a una cara y también incorpora una barrera de vapor. Se utiliza para paredes donde se necesita un aislamiento extra.

Almacenado de cartón yeso

El cartón yeso es frágil hasta que se fija al marco que lo sujeta. Siempre traslade los paneles en posición vertical; se podrían partir si los desplaza en posición horizontal. Almacénelos sobre el borde, colocados muy cerca unos junto a otros y apoyados contra la pared haciendo un ligero ángulo. Si utiliza paneles de cara de marfil, apílelos con estos lados juntos. Tenga cuidado de no dañar los bordes recubiertos de papel cuando los maneje.

Fijación del cartón yeso

Para revestir una pared divisoria o un techo, las planchas de cartón yeso se clavan a soportes de madera, puntales verticales y travesaños horizontales en la parte superior e inferior de una pared y a las vigas en un techo. Generalmente se sitúan a 400 mm de distancia para que los bordes de los tableros de 1,2 m coincidan en anchura cada tres piezas de madera y se puedan clavar a su parte central. Se fijan con clavos galvanizados para cartón yeso, los cuales llevan unas muescas para engancharse y la cabeza plana para que queden por debajo de la cara del tablero, dejando un hueco que se rellena para esconderlos. Los clavos se deben situar cada 150 mm, a 9 mm hacia dentro de los cantos.

Corte de cartón yeso

Puede cortar el cartón yeso con una sierra de dientes finos, colocándolo sobre un caballete para que quede un corte limpio. Sin embargo, es más fácil darle un corte al papel y al yeso, y luego colocarlo sobre el canto de un listón de madera y con un golpe seco partirlo. Utilice una sierra de punta, sierra de calar o cuchilla para hacer los recortes en los puntos donde vayan enchufes o interruptores.

FABRICACIÓN DE UN ELEVADOR DE PIE

Un elevador de pie es una doble cuña utilizada para levantar tableros de cartón yeso para que lleguen al techo. Haga uno con un taco de madera de 75 x 50 mm, córtelo dándole forma de cuña desde el centro hacia cada uno de los lados, para que se balancee como un columpio. Descanse el tablero sobre un extremo de la cuña, luego presione haciendo palanca hacia abajo sobre el otro extremo con el pie para levantar el tablero. La pequeña abertura en la parte baja del tablero se esconde después acoplando un zócalo.

Revestimiento de una pared divisoria

Una vez colocado el marco de la pared, fije el primer tablero junto a la puerta si la pared tiene una, como en este ejemplo, o en un rincón si no la tiene.

Herramientas necesarias

Cinta métrica

Lápiz

Listón recto

Sierra de dientes finos

Cuchilla

Elevador de pie (ver cuadro arriba)

Martillo

1 Mida la altura del techo al suelo y reste 20 mm, luego corte el tablero a este tamaño. Póngalo vertical junto al armazón con uno de los bordes alineado con el mástil de la puerta, súbalo hasta el techo ayudándose con un elevador de pie y marque la posición del dintel de la puerta sobre

este borde. Corte una tira de 25 mm de anchura en este lado del tablero, entre la marca y el borde superior. Este corte deberá estar centrado sobre la parte superior del puntal que queda encima de la puerta.

2 Coloque el tablero en su sitio clavándolo al armazón. Repita el proceso para el tablero del otro lado de la puerta.

3 Fije más tableros enteros, trabajando desde la puerta hacia los rincones. Junte los tableros, pero deje una ranura de 3 mm entre ellos (que se enlucirá después).

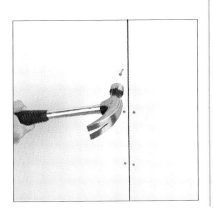

4 Corte los últimos tableros a la anchura que ajuste en el espacio que queda hasta el rincón de la habitación. Vea páginas 98-99 para detalles sobre relleno de juntas y enlucido de cartón yeso.

Revestimiento de un techo

Cuando se tenga que revestir un techo, los tableros se tienen que fijar colocando los lados largos en ángulo recto con las vigas, y con los cantos centrados sobre una viga. Para sujetar los bordes largos, fije unos soportes –travesaños– entre vigas a los lados de las paredes por toda la habitación, distanciados de tal manera que coincidan con la anchura del tablero. También necesitará una escalera, plataforma o andamio para trabajar, además de alguien que le eche una mano para sujetar los tableros hasta que se hayan fijado.

1 Coloque el primer tablero en un rincón de la habitación. Clávelo a las vigas y a los tacos, empezando en el centro del tablero y siguiendo hacia fuera. Esto evitará que se combe según lo va fijando.

2 Complete la primera fila de tableros, cortando el último si fuera necesario para ajustarlo. Ponga juntos los tableros, pero deje una ranura de 3 mm entre cada uno.

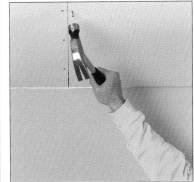

3 Empiece la siguiente fila con un tablero cortado de tal manera que coincida con el centro de una viga. Esto evita que todas las juntas queden alineadas en una sola viga. Continúe de esta manera.

4 Acabe el techo con una fila de tablero cortado para que ajuste a la anchura necesaria entre la última fila de tableros y la pared. Ver páginas 98-99 para detalles sobre relleno de juntas y enlucido de cartón yeso.

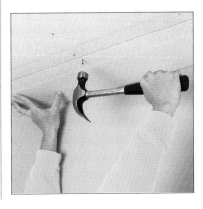

Enlucido de cartón yeso ///

Al cartón yeso se le puede dar una fina capa de acabado de yeso si se ha fijado con la cara gris mirando hacia fuera. Sin embargo, si lo que queda a la vista es la cara de color marfil, solamente habrá que sellar las juntas antes de pintar o empapelar. En ambos casos es esencial poner primero cinta en las juntas, utilizando papel adhesivo para juntas, con el fin de evitar que se abran en el futuro debido a movimientos de la estructura del techo.

Consejo de seguridad

Las fotografías que se muestran en estas dos páginas explican cómo aplicar el enlucido a una pared de cartón yeso. Se utilizan exactamente las mismas técnicas que para enlucir techos de cartón yeso, con la única diferencia de que ahora no está trabajando por encima de su cabeza. No obstante, esto implica ciertas cuestiones sobre seguridad, dado que es esencial contar con una plataforma de trabajo segura para que llegue a la superficie del techo de manera cómoda. Los tablones de andamio o soportes ajustables, o un carrito con bloqueo en las ruedas pueden servir. Compruebe si en la tienda de alquiler los tienen.

Herramientas necesarias

Escalera de mano y tablones para la plataforma de trabajo

Cubo y gaveta

Trozo de tabla

Llana

Esparavel

Tijeras para la cinta de juntas

Llana para rincones (opcional)

Pulverizador

Espátula

Esponja

Acabado del enlucido

Coloque la plataforma de trabajo, asegurando que está fija (ver páginas 36-37), y mezcle un poco de yeso para acabado en un cubo con una consistencia de helado derretido.

1 Aplique una fina banda de yeso con una llana a lo largo de cada junta, luego corte la cinta a la longitud necesaria y presiónela sobre la banda de yeso. Si va a utilizar cinta autoadhesiva, colóquela con la banda de yeso y péguela directamente en la superficie del tablero. Repita el proceso para todas las juntas.

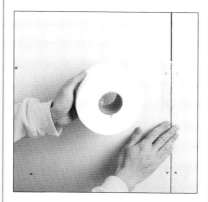

2 Extienda una capa fina de yeso a lo largo de cada junta, de anchura suficiente para cubrir la cinta. Deberá ser también lo bastante gruesa como para esconder la cinta. Alise el yeso a cada lado de las juntas con una llana en paralelo a la superficie del cartón yeso.

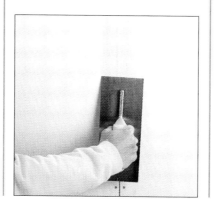

3 Repita los pasos 1 y 2 para colocar cinta en el ángulo de pared con techo, en todo el perímetro de la habitación. Coloque cinta en las esquinas y rincones de la misma manera. No se olvide de ninguna de estas partes; si no tapa estas juntas, tenga por seguro que se abrirán con el paso del tiempo.

4 Aplique el yeso de acabado en los tramos entre las juntas, trabajando desde abajo hacia arriba si está enluciendo paredes, y desde el borde hacia el centro si son techos. Utilice la misma técnica que para aplicar el acabado sobre la base (ver páginas 94-95).

5 Vuelva al punto de inicio y aplique una segunda mano de yeso más fina sobre toda la superficie. Trabaje con la llana manteniéndola casi paralela a la superficie para controlar el grosor del yeso y asegurar un acabado liso.

6 Arregle los ángulos entre la pared y el techo y los rincones, pasando el borde de una llana. También puede utilizar una llana para rincones.

7 Humedezca la hoja de la llana y la superficie a enlucir utilizando un pulverizador, y pula la superficie del yeso hasta que quede lisa.

Acabado con cinta

Utilice sellador en vez de yeso de acabado para tapar las juntas entre tableros. Puede usar cinta de papel o cinta autoadhesiva: la primera se acopla en una banda de sellador, la última se pega directamente a las superficies de cartón yeso.

1 Si utiliza cinta de papel para sellar las juntas, aplique una fina banda de sellador sobre la línea de junta y acople la cinta encima ayudándose con una espátula, teniendo cuidado de que no queden bolsas. Luego aplique otra banda de sellador encima con una espátula ancha para tapar la cinta y dejarlo a nivel con la superficie del tablero a cada lado.

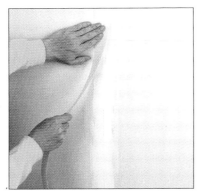

2 Si va a utilizar cinta autoadhesiva para sellar las juntas, pegue la cinta y rellene la junta utilizando la misma técnica que para la cinta de papel. Si tiene que unir dos trozos de cinta, pegue los extremos en vez de solaparlos.

3 Dé el acabado a todas las juntas con una banda fina de sellador, aplicado con una llana o espátula de revestir, ocultando así las uniones. Luego alise los bordes del sellador con una esponja humedecida.

ACABADOS PARA EL CARTÓN YESO

Cartón yeso sellado: Para igualar diferencias de porosidad entre el tablero y las juntas rellenas, debería sellar la pared antes de decorarla, para evitar que la pintura o el adhesivo para papel pintado se sequen demasiado deprisa, debido a que el agua sea absorbida por la superficie del tablero. Para sellar el cartón yeso utilice una fina capa de sellador de juntas, aplicado y frotado con una esponja. También puede aplicar una imprimación patentada para cartón yeso con una brocha o rodillo, o utilizar una emulsión de pintura diluida con un 10 por 100 de agua. Aplique dos capas de pintura para asegurar una porosidad uniforme en la superficie.

Cartón yeso con azulejos: El cartón yeso tiene muy poca fuerza si se moja, lo que puede ocurrir si una pared de cartón yeso se cubre con azulejos y la lechada no es impermeable. Si va a colocar azulejos, trate la superficie con una capa de pintura para sellar la superficie contra el agua. Si va a revestir una pared nueva y piensa cubrirla de azulejos, utilice un tablero impermeable especial para azulejos en vez de el cartón yeso, para tener una superficie que resista la penetración del agua.

Paredes con revestimiento seco ///

Esta técnica incluye el revestimiento de las paredes externas con cartón yeso como alternativa al enlucido tradicional. Se utiliza principalmente en casas antiguas para mejorar el aislamiento de las paredes macizas. Los tableros se clavan a un armazón de listones de madera fijados a la superficie de la pared a una distancia que se acople al ancho del tablero. Para este propósito se suelen utilizar tableros estándar con pantalla antivapor, con aislamiento de guata de fibra de vidrio acoplada entre los tableros y la fábrica.

El revestimiento seco se puede instalar sobre el yeso existente si está en buenas condiciones, pero si no es así habrá que quitarlo y, si tiene humedad, habrá que tratar el problema y dejar que la pared se seque antes de colocar el revestimiento.

El espacio entre el revestimiento seco y la fábrica se puede usar para esconder cables de llaves de la luz y enchufes. La madera utilizada para los listones de la pared debería estar tratada con algún producto protector. Deberían ser de 50 x 50 mm si se va a colocar aislamiento de fibra de vidrio detrás del cartón yeso, y de 50 x 32 mm si se va a utilizar tablero termal. Fije los listones con clavos pasamuros lo suficientemente largos para que penetren en la fábrica al menos 25 mm, o con tacos y tornillos.

Si va a utilizar guata aislante, póngala entre los listones de la pared alrededor de la habitación antes de empezar a cortar y fijar el cartón yeso. El aislante no se utiliza a los lados ni en el dintel de puertas y ventanas.

También se puede utilizar tablero termal con una capa aislante de polietireno o poliuretano y escudo antivapor acoplada a la parte trasera para integrar el enlucido y el aislamiento.

Herramientas necesarias

Cinta métrica y lápiz

Listón recto

Serrucho

Nivel de burbuja

Plomada

Broca para muro

Elevador de pie
(ver pág. 96)

1 Corte los listones verticales unos 150 mm menos que la altura de la habitación y fíjelos, dejando un espacio de 75 mm encima y debajo de cada listón. Coloque los listones cada 400 mm para tableros de cartón yeso de 9,5 mm de espesor y de 1,2 m de anchura, y cada 600 mm para tableros de 12,5 mm de espesor del mismo ancho. Empiece fijando los listones en puertas y ventanas y siga hacia los rincones.

2 Cuando coloque los listones en los rincones, fije uno en cada una de las paredes, a unos 50 mm de distancia del ángulo interno.

3 Corte y ajuste los listones horizontales junto al techo y al suelo, acoplándolos en el hueco que se dejó por encima y por debajo cuando se fijaron los listones verticales.

4 Añada listones horizontales cortos sobre puertas, y encima y debajo de ventanas. Por último, ajuste listones verticales sobre estas aberturas, metidos hacia dentro 25 mm para que puedan apoyar los bordes de los tableros que se fijarán alrededor de las aberturas.

5 Empiece a fijar los tableros junto a una puerta o ventana si es que las hay, y si no, en un rincón. Corte el

tablero al tamaño necesario, luego utilice un elevador de pie para ajustarlo al techo. Una vez esté colocado, ponga los tornillos. Repita el proceso al otro lado y encima de la abertura.

6 Corte tiras de cartón yeso del tamaño necesario para cubrir los lados y el dintel de ventanas o puertas. Eche unos pegotes de yeso en la zona descubierta.

7 Fije los tableros a los lados de tal manera que cubran los cantos de los tableros de la pared.

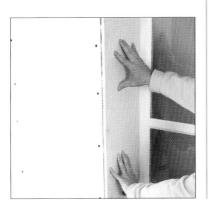

8 Apúntale la pieza que irá acoplada en el dintel con listones de madera hasta que el yeso se haya asentado.

9 Trabaje en dirección a los rincones de la habitación, fijando tantos tableros enteros como sea posible. Corte el último tablero 20 mm más estrecho que la distancia entre el último tablero entero y la pared próxima. Fíjelo en el sitio con su borde cortado mirando al rincón.

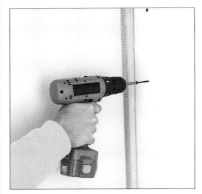

10 Empiece en la siguiente pared con un tablero entero, arrimándolo a la cara del tablero ya fijado (pero repita desde el paso 5 si hay alguna abertura en la pared).

11 En las esquinas, fije un tablero con el canto enrasado con el listón colocado en la otra pared. Luego fije un tablero canteado a esta pared para que el borde cubra al primer tablero. Si utiliza tablero térmico, tendrá que cortar una parte del aislante en la parte trasera del mismo para permitir el contacto de los dos tableros.

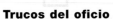

Trucos del oficio

Si existe algún interruptor o enchufe en la pared que va a revestir, haga los recortes en el cartón yeso para acoplarlos. Si están encastrados en la pared, quite los embellecedores después de cortar la corriente y saque el cable a través del recorte. Coloque una caja de plástico para paredes huecas en el recorte, inserte el cable y vuelva a colocar el embellecedor.

FIJACIÓN DE TABLEROS CON ADHESIVO

Si la superficie de la pared está lisa y en buenas condiciones, puede fijar el cartón yeso ordinario directamente sobre la superficie utilizando adhesivo especial para paneles aplicado con una pistola. El tablero termal se puede fijar a la pared poniendo bandas de adhesivo especial en el centro y los bordes de los tableros. Este método aumenta ligeramente el espacio del suelo que se pierde con el enlucido en seco, y ahorra el coste de los listones y el tiempo de ponerlos.

Colocación de una cimbra ⚒⚒⚒

Las cimbras prefabricadas facilitan el cambio de aspecto de la zona de acceso, alcobas y la zona de comunicación entre habitaciones, pasando de ser rígidos rectángulos a elegantes aberturas en forma de arco. Los armazones están hechos con paneles de malla de metal expandido que se ensamblan para hacer figuras de arco con caras verticales planas y parte inferior curvada. Los ángulos externos están formados con las mismas tiras de metal que se utilizan para reforzar los ángulos externos en trabajos de enlucido.

En los conjuntos de piezas más sencillos, cada extremo del arco consiste en dos secciones en forma de un cuarto de círculo. Usted las debe colocar junto a la obra de albañilería a cada lado de la pared. En paredes finas las dos secciones del sofito se superponen, mientras que en paredes gruesas el espacio entre ambas se recubre con una tira metálica que se ajusta al hueco y hace de sofito. Colocadas a los lados de una puerta, forman un arco semicircular. Otros conjuntos más sofisticados contienen piezas con el lateral modelado y piezas centrales que permiten crear un arco rebajado o un arco oval en la abertura que comunica las dos habitaciones. Estos elementos metálicos no son adecuados para fijarlos a paredes de bastidor de madera. Elija una cimbra que se adapte al hueco que desea cambiar y compruebe que se puede adaptar al grosor de la pared a la que se va a acoplar. Desempaquete los componentes y lea las instrucciones con atención. Necesitará un poco de yeso especial para metal para dar una capa sobre la cimbra, así como yeso normal de enlucido para dar la capa de acabado.

Herramientas necesarias

Lápiz

Cincel de ladrillo

Maza

Martillo de uña

Cortador de alambre

Sierra de arco

Tenazas

Destornillador

Cubo y gaveta

Esparavel

Llana de enlucir

1 Ponga las secciones de los extremos de la cimbra en el lugar donde irán acoplados y marque la parte alta y los laterales sobre la pared que los flanquea. Así se señala la zona de enlucido que hay que quitar. Si va a instalar un arco amplio, repita el proceso para las secciones del centro. Utilice una maza y un cincel para retirar el yeso dentro de las líneas marcadas al lado y sobre la abertura.

2 Coloque la primera sección de la cimbra en su sitio junto a la fábrica desnuda, y asegúrela con clavos pasamuros o tacos y tornillos, según las recomendaciones del fabricante. Compruebe que está nivelado y en ángulo recto con el borde de la abertura.

3 Fije el otro módulo de la cimbra al otro lado de la pared, comprobando que está perfectamente alineado con el elemento que fijó en el punto 2. Asegúrese de que los fijadores quedan enrasados con la malla. Corte pequeños trozos de alambre galvanizado y utilícelos para atar las dos partes del sofito, retorciendo los extremos alrededor de cada una con unos alicates.

4 Si la pared tiene un espesor mayor de unos 215 mm –un ladrillo de largo–, las dos partes de los sofitos probablemente no se encuentren. En este caso, corte una tira de malla metálica para el sofito que viene con el kit y utilícela para unir las dos partes, de nuevo utilizando alambre.

5 Repita el proceso para ajustar los módulos de la cimbra al otro lado de la abertura, de nuevo añadiendo una tira de sofito si la pared es ancha. Doble las puntas del alambre y remétalas por detrás de la tela metálica para que no se enganchen con la llana cuando se empiece a enlucir el arco.

6 Añada las partes centrales si el arco es ancho, fijando los bastidores a la fábrica por encima de la abertura y uniéndolos al sofito. Algunos kits incluyen pequeñas tiras de plástico para unir los junquillos metálicos en el punto donde las secciones del armazón se encuentran. Ajústelos antes de fijar las secciones del arco.

7 En un esparavel ponga un poco de yeso y empiece a enlucir la parte inferior del arco por un lado. Utilice las esquineras como guía de profundidad y presione el yeso firmemente hacia dentro para que se extienda totalmente y forme una capa resistente. Vaya hacia la parte alta del arco, luego ponga el yeso en el otro lado de abajo arriba.

8 Una vez se ha enlucido la parte inferior, siga con los laterales, utilizando las esquineras y el borde del yeso existente como guía de profundidad. Repase la superficie del yeso con la esquina de la llana para dejarlo preparado para aplicar la capa de acabado. Extienda una fina capa de yeso de acabado tan pronto como la base se haya secado. Aplíquelo primero en el sofito, luego en los laterales, alisando bien las uniones con el yeso existente para que no se noten.

ARCOS EN PAREDES DE CARTÓN YESO

Si quiere hacer un arco en una abertura de una pared con bastidor de madera, acople un simple armazón de madera a cada lado y fije las piezas de cartón yeso cortadas con la forma que desee. Luego corte una tira de malla metálica para colocar en el sofito y clávela al armazón. Enlúzcalo con yeso y ponga cinta en las juntas entre el cartón yeso nuevo y el existente antes de alisar la nueva tabla con yeso de acabado.

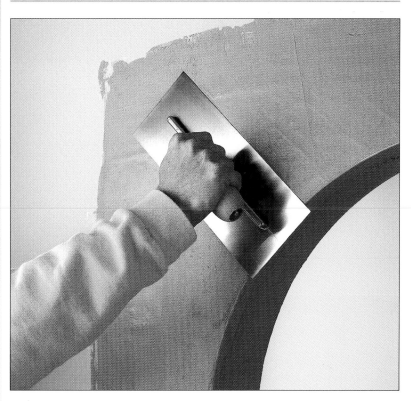

Tómese su tiempo para aplicar la capa de yeso de acabado, asegurándose de que queda lisa y que los bordes se empalman con el yeso existente para que la junta quede invisible.

Colocación de dovelas ↗

La dovela es una moldura decorativa que se acopla en el ángulo interno que forman la pared y el techo, enmarcando el techo de la misma manera que queda enmarcado un cuadro. Generalmente es una plana de sección cuadrada y suele estar fabricada de yeso con una cobertura de papel, o de resina plástica. Las molduras más complicadas normalmente se denominan cornisas y llevan relieves en tres dimensiones. Tradicionalmente están formadas por yeso fibroso, pero también se pueden encontrar de plástico.

La dovela y la cornisa normalmente se venden en tiras de 2 o 3 m, las cuales se acoplan a lo largo de la pared de la habitación. Las esquinas y rincones van biselados, aunque algunas cornisas de plástico tienen piezas prefabricadas para rincones. Las dovelas de escayola y de plástico se fijan con adhesivo, pero las moldura de yeso fibroso, por su peso, habrá que fijarlas con tacos y tornillos. La cobertura de pared vieja se tiene que quitar en la zona bajo la cual la dovela se colocará para que el adhesivo agarre al yeso o cartón yeso. No hay que rellenar las grietas en el ángulo pared-techo porque la dovela las tapará.

Fijación de dovela de cartón yeso

Mida el perímetro de la habitación y calcule la longitud de dovela necesaria. Añada una merma de unos 150 mm de dovela para cada junta biselada. Compre suficiente adhesivo para fijar la dovela. La dovela de cartón yeso se fija con adhesivo en polvo o en tubo ya preparado, mientras que para la dovela de plástico existe un adhesivo especial.

FABRICACIÓN DE UNA INGLETADORA

Si no encuentra una ingletadora que se acople a la dovela de cartón yeso estándar (100 y 125 mm), fabrique una con trozos de madera utilizando una escuadra combinada para marcar líneas a 45°. Corte las guías para el serrucho hasta la base de la caja, para que pueda cortar el bisel con facilidad.

Herramientas necesarias

Cinta métrica

Lápiz

Listón recto

Nivel de burbuja

Cuchilla

Rascador para papel pintado

Espátulas

Ingletadora (ver cuadro debajo)

Sierra de dientes finos

Escalera de mano

Martillo

1 Coja un trozo de dovela y póngalo en el ángulo de la pared donde se va a colocar y marque unas líneas con el lápiz a lo largo de la parte superior e inferior de los bordes. Utilice un listón recto (más un nivel para las líneas de la pared) para extender estas líneas alrededor de la habitación. Si ha colocado papel pintado, córtelo con una cuchilla, siguiendo las líneas marcadas, y rasgue el papel que queda entre las líneas y el ángulo techo-pared utilizando una espátula. Humedezca aquellas partes que no hayan salido para ablandar la pasta, pero tenga cuidado de no mojar el papel pintado de fuera de estas marcas.

2 Utilice el pico de una espátula para marcar la superficie de yeso con una serie de cortes cruzados entre las líneas marcadas sobre la pared y el techo. Esto le ayudará a que el adhesivo de la dovela se pegue bien al yeso y consecuentemente quede más segura.

3 Empiece a trabajar en la pared más larga de la habitación. Para saber cómo cortar los biseles mire en la página siguiente para asegurarse de que corta el primero en la dirección correcta –los errores son un derroche y salen caros–. Ponga la dovela en la ingletadora con el borde del techo en la base de la casa y corte con un serrucho de dientes finos. Alise los bordes con papel abrasivo.

4 Utilice una espátula ancha para echar una cantidad generosa de adhesivo en la parte trasera de la dovela. Lleve la espátula hacia el borde exterior de la dovela para que el exceso de adhesivo se extienda en el espacio triangular entre la dovela y el ángulo techo-pared.

5 Alinee el borde inferior de la dovela con la línea de lápiz sobre la pared, deslice la punta del bisel junto al rincón y apriete la dovela firmemente hacia arriba y hacia atrás para comprimir el adhesivo y asegurar la unión a la pared. Si está trabajando con tiras de tres metros de longitud, éste es un trabajo para dos personas. Retire el exceso de adhesivo a lo largo de los bordes de pared y techo y compruebe que se acomodan con las líneas de lápiz. El adhesivo debería ser lo suficientemente resistente como para aguantar el peso de la dovela, pero si quiere reforzarlo mientras se seca introduzca dos o tres clavos pasamuros en la parte inferior para sujetarlo. No los meta del todo para que los pueda quitar luego y rellenar los agujeros después.

6 Mida la distancia desde el borde de la primera dovela hasta el rincón siguiente. Si mide más que una tira de dovela pero menos que dos, corte un bisel para que se ajuste al rincón y péguela como en el paso 5. Si mide menos de una tira, corte el bisel como antes, luego ponga la tira en su sitio y marque el punto donde se encuentra con la primera tira. Corte la dovela recta en este punto y colóquela en su sitio, rellenando la junta entre las dos tiras con adhesivo para dovela.

7 Si necesita una pieza para cubrir el hueco que queda entre dos dovelas completas, mida la distancia, corte el trozo y ajústelo. Fíjelo y rellene las juntas con adhesivo para dovela.

8 Vaya a la otra pared y corte el inglete adecuado para que se ajuste al rincón, luego repita los pasos 3 a 7 para fijar la dovela en el resto de la habitación. Finalmente, rellene las juntas con adhesivo y quite los clavos pasamuros que utilizó para sujetar las tiras largas.

CORTE DE BISELES

Tenga cuidado de cortar los biseles en la dirección correcta. El dibujo muestra el orden de los cortes necesarios para el antepecho de una chimenea, trabajando de izquierda a derecha.

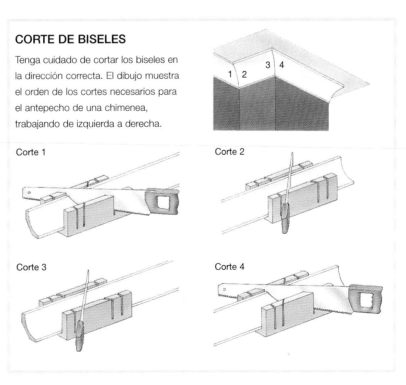

Corte 1

Corte 2

Corte 3

Corte 4

Colocación de elementos decorativos de escayola ↗

Existen diversas clases de elementos de escayola que se pueden añadir a una habitación para complementar el efecto de las dovelas (páginas 104-105). Este tipo de piezas incluyen rosetones decorativos para techos, metopas de pared, ménsulas para apoyar dinteles de puertas, paneles de molduras para enmarcar zonas de pared o de techo, e incluso hornacinas de escayola decorativa para exponer el adorno favorito. Se pueden conseguir en una amplia variedad de estilos, desde el tradicional al moderno, fabricadas en escayola fibrosa y en resina de plástico.

Existe mucha variedad de centros de techo y rosetones. Se fabrican en infinidad de estilos diferentes para que se adapten a cada presupuesto y gusto, desde los modelos tradicionales a los más simples y modernos. Su función es doble: ofrecen un decorado visual al techo y además ocultan las conexiones eléctricas a una luz que cuelga.

Las metopas de pared, siendo más pequeñas y de menor peso que los centros de techo, generalmente se pegan en el sitio por ser molduras de panel.

Las ménsulas colocadas para apoyar el dintel de una puerta o un arco rebajado entre habitaciones necesitan atornillarse con tacos, mientras que las hornacinas de escayola generalmente se acoplan utilizando fijadores pequeños. Compruebe las instrucciones del fabricante cuando elija el módulo de escayola que piensa instalar.

Herramientas necesarias

Cinta métrica

Cordel

Clavos

Lápiz

Espátula ancha

Rascador de papel pintado

Lezna

Taladradora y brocas

Destornillador

Sierra de dientes finos

Escalera de mano

Fijación de un rosetón en el techo

1 Si la habitación no cuenta con una luz colgante central, el primer paso es encontrar el centro del techo: un rosetón quedará mal si no se coloca centrado. Para hacer esto, busque la parte equidistante a las paredes opuestas y trace líneas de cuerda entre ellas. Donde se crucen, ahí está el centro del techo. Con las líneas de cuerda puestas, coloque el rosetón sobre ellas para poder posicionarlo centrado. Haga un fino trazo con lápiz sobre el techo alrededor de su perímetro, luego quite las líneas de cuerda. (Ver secuencia en la página siguiente para saber cómo actuar si existe una luz central colgante.)

2 Si el techo está pintado, utilice la punta de una espátula para rayar la superficie dentro del perímetro con líneas entrecruzadas y dejar una base para el adhesivo. Si existe papel pintado, corte a lo largo de la línea trazada con el lápiz y rasgue todo el papel que pueda. Empape lo que quede con una esponja húmeda y rásguelo también.

3 Si el rosetón que va a colocar tiene poco peso, simplemente fíjelo con adhesivo. Aplique una capa generosa de adhesivo alrededor del borde del rosetón con una espátula, y añada también un pegote en el medio. Pegue el rosetón encima de la línea trazada y presiónelo firmemente contra la superficie del techo. Manténgalo así durante unos segundos para dejar que el adhesivo agarre, luego quite el exceso de adhesivo que sobresalga y utilícelo para rellenar cualquier hueco que haya quedado entre el rosetón y el techo.

4 Si va a instalar un rosetón de escayola que tenga cierto peso, siga los pasos 1 y 2 para colocarlo, luego averigüe la posición de las vigas a cada lado del punto central del techo. Utilice una lezna por dentro de la línea de lápiz, para sondear si existe madera maciza, y marque las posiciones de vigas en el perímetro de la línea. Ponga el rosetón en su sitio y marque el lugar donde taladrará agujeros para los tornillos que se insertarán en el centro de las vigas, ponga al menos dos tornillos, aunque es preferible poner cuatro.

5 Baje el rosetón y taladre con cuidado agujeros avellanados en él. Eche una capa generosa de adhesivo en la parte trasera del rosetón como se describe en el punto 3, luego busque ayuda para sujetar el rosetón mientras usted taladra agujeros guía en las vigas e introduce los tornillos fijadores. Presione el rosetón contra el techo al tiempo que realiza esto, pero tenga cuidado de no forzar los tornillos o la escayola se romperá.

6 Rellene los huecos de los bordes del rosetón con adhesivo, luego retire el sobrante con una esponja húmeda para que quede liso.

7 Finalmente, rellene los agujeros de los tornillos con un poco de adhesivo y líjelo cuando se haya endurecido.

Colocación de una luz colgante

1 Corte la luz y desconecte el cable de sus terminales, haciendo primero un croquis de los cables del núcleo que están conectados al terminal en la placa base. Meta los cables por el agujero del techo. Acceda al vano del techo y conecte los cables a los terminales de la caja de cuatro terminales, mirando su croquis para ver a qué terminal va cada cable. Con esto se recobrará el suministro de luz más tarde. Atornille la base de la caja al lado

Consejo de seguridad

Consulte siempre a un electricista si tiene alguna duda de cómo hacer la instalación eléctrica.

de la viga cercana. Taladre un agujero en el medio del rosetón para el cable, y ajuste el rosetón como se ha descrito en la página anterior.

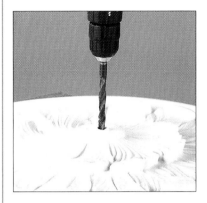

2 Pase el extremo de un cable nuevo por el rosetón. Conecte los núcleos a los terminales normal, neutro y de toma de tierra de la caja. Tape la caja.

3 Vuelva a la habitación de abajo y conecte el cable a la nueva placa base. Atorníllelo al rosetón, conéctelo y ponga la tapa. Vuelva a dar la luz

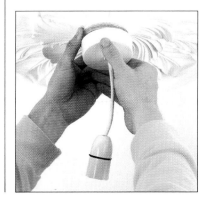

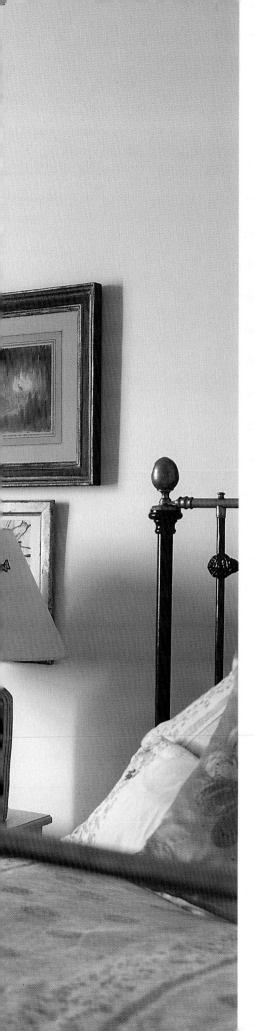

reparar
y restaurar

Las superficies de albañilería son, por su naturaleza, relativamente duraderas, pero las paredes, los techos y los suelos macizos se pueden dañar por golpes ocasionales, movimientos estructurales y averías, como puede ser una fuga de agua de las tuberías. Si están en el exterior, la climatología es un factor más, pudiendo estropear la fábrica y el revestimiento, resquebrajar el hormigón y producir hundimiento en el pavimento. Una vez la parte exterior de la casa ha dejado de ser impermeable, la humedad empieza a aparecer en las superficies interiores. Abordar todos estos problemas está bien, contando con que los dueños tengan capacidad para hacerlo, dado que la mayoría son trabajos que conllevan mucha mano de obra por la que los contratistas cobrarán altos precios. Ataje estos inconvenientes en cuanto aparezcan, y evitará que un pequeño problema se convierta en un asunto de envergadura.

Si va a renovar una habitación, es fundamental restaurar el enlucido antes de decorar, especialmente si se van a pintar las paredes.

Pequeñas reparaciones en el enlucido ↗

Las superficies revestidas con yeso se pueden dañar por golpes accidentales que dejan abolladuras y raspones, y quizá aparezcan otros defectos con el tiempo. Los techos son menos propensos al daño, pero pueden tener cabezas de clavos que sobresalen y roturas que aparecen en los bordes de tablas, en las uniones pared-techo o junto a los listones en un techo viejo de listón y yeso. Todos se pueden reparar de una manera fácil y rápida, y son viables dentro de las capacidades de incluso aquellos que son menos expertos en trabajos de bricolaje.

Herramientas necesarias

Punzón de mano

Martillo

Tenazas

Espátula

Cuchilla

Brocha vieja

Espátula de calafatear

Espátula de revestir

Lijadora de banda

Techos

Las dos principales causas de que el techo tenga defectos son la vibración causada por el tránsito sobre el suelo de encima, y el movimiento de la estructura de madera que sujeta la superficie del techo. El problema también puede aflorar si las juntas en un techo de cartón yeso no se sellaron adecuadamente cuando se instaló.

Cabezas de clavos que sobresalen

Si tiene techos de cartón yeso, quizá a veces se encuentre pequeños trozos redondos de escayola en el suelo –prueba de que alguno de los clavos utilizados para fijar las tablas a las vigas se ha soltado y desalojado la capa fina de yeso que lo cubría–. Esto ocurre si el clavo no estaba remachado totalmente cuando se puso el techo, por lo que los tableros se han movido ligeramente y lo han aflojado.

1 Utilice un punzón de mano y un martillo para empujar el clavo hasta que su cabeza deje un hoyuelo en la superficie del tablero. Si sobresale lo suficiente como para agarrar la cabeza con las tenazas, tire de él y vuélvalo a clavar al lado del agujero original. Asegúrese de que la cabeza está hundida en la capa de yeso.

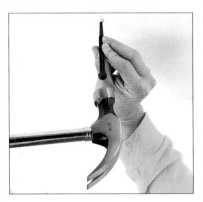

2 Aplique un poco de pasta niveladora preparada sobre la cabeza del clavo con una espátula, dejándola que rebase ligeramente la superficie del techo. Cuando se haya endurecido, líjela hasta que se quede enrasada y aplique pintura sobre la reparación.

Techos agrietados

Las grietas en los techos de cartón yeso generalmente salen en los bordes de los tableros y están producidas por movimientos de la estructura del techo debido a los cambios de temperatura y humedad. En techos de listón y yeso, las grietas quizá sean irregulares o vayan en paralelo a los listones a los que el yeso está unido. Ver páginas 118-119 para reparaciones más grandes.

1 Pase la hoja de una cuchilla a lo largo de la grieta, tallándola ligeramente a cada lado para que el emplaste la tapone cuando se seque. Luego utilice una brocha vieja para quitar el polvo de la grieta. En los techos de listón y yeso moje con una brocha toda la grieta para evitar que el yeso seco absorba la humedad y haga que se rompa cuando se asiente.

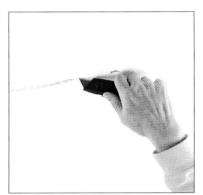

2 Ponga un poco de emplaste sobre una espátula y rellene la grieta. Después de rellenar un trozo de grieta, pase la hoja a lo largo de la misma para alisar el relleno y dejarlo enrasado con el resto de la pared. Siga con esta tarea hasta que haya rellenado toda la grieta. Deje que el emplaste se endurezca, luego líjela para alisarla y redecórela para que no se note.

👍 Trucos del oficio

Si las grietas aparecen repetidamente a lo largo de las juntas del cartón yeso, pegue cinta tapajuntas autoadhesiva en toda su longitud y cúbrala con una banda ancha de emplaste aplicado con una espátula de calafatear (ver grietas en juntas más abajo). También puede aplicar masilla para disimular las grietas o poner papel de revestir.

Paredes

El principal problema con las paredes son los daños causados por golpes en la superficie del yeso. La causa podría ser cualquier cosa: movimiento de muebles sin cuidado, niños revoltosos o el desgaste general por el uso. Las paredes macizas pueden también sufrir grietas en el yeso, mientras que en las paredes huecas pueden aparecer grietas en las juntas. Todas son relativamente fáciles de reparar.

Deformaciones y grietas

Todo lo que necesita para reparar una superficie pequeña dañada en paredes macizas o huecas es emplaste y espátula, o espátula de calafatear para grietas muy pequeñas en el yeso.

1 Retire el material que esté suelto en la zona dañada utilizando una brocha vieja. Luego rellénelo de manera que sobresalga ligeramente de la superficie de alrededor y déjelo que se endurezca. Lije la reparación para enrasarla con la superficie utilizando papel abrasivo fino, luego redecore.

2 Si hay alguna zona de la pared que tenga alguna grieta fina, golpee la superficie con los nudillos para comprobar que el yeso está en buenas condiciones. Si suena hueco, probablemente se haya despegado de la pared (ver páginas 112-113 para repararlo). Si está bien, utilice una espátula de calafatear para aplicar el relleno en la zona afectada, trabajando en diferentes direcciones para asegurar que se cubre bien. Déjelo que se seque y líjelo como antes.

Grietas en juntas

Las grietas largas y rectas suelen aparecer en paredes de cartón yeso a lo largo de la línea de las juntas entre tableros adyacentes, señal segura de que no se les puso cinta antes de enlucir. La mejor solución es poner cinta a estas juntas y aplicar una capa de emplaste sobre ellas.

1 Utilice una lijadora de banda para lijar 1-2 mm de yeso a lo largo de la junta, de la misma que la banda. Con esto se asegura que la cinta y el

emplaste queden enrasados con la superficie de la pared cuando se haya completado la reparación.

2 Pegue una tira de cinta autoadhesiva sobre la junta abierta. Presione con firmeza la cinta, ensamblándola bien para cubrir la ranura.

3 Utilice una espátula de revestir para aplicar el emplaste sobre la cinta, llevando la hoja hacia abajo haciendo ángulo con la pared para que el relleno quede enrasado con el resto de la superficie de la pared. Déjelo que se endurezca, luego líjelo y redecore para que la reparación quede invisible.

Reparación de enlucido ↗

Si descubre zonas en el enlucido de paredes maciza que al golpearlas suenan huecas, o zonas de enlucido que se han caído de la pared completamente, la solución es reparar la zona afectada con nuevo enlucido. Éste es un trabajo relativamente fácil de hacer, incluso si nunca antes ha trabajado con yeso, porque tiene una base sólida sobre la que aplicarlo, y la zona de alrededor actúa como guía para permitirle dar un acabado liso y enrasado.

Herramientas necesarias

Maza

Cincel

Guantes de trabajo

Gafas de protección

Brocha vieja

Cubo y gaveta

Esparavel

Paletín

Llana

Listón con canto recto

1 Utilice una maza y un cincel para retirar todo el yeso deteriorado y dejar un borde nítido. Es importante llevar guantes para proteger las manos y gafas de protección para resguardar los ojos de cualquier lasca de yeso que salte. Asegúrese de que quita el yeso que pudiera estar pegado en la pared de ese trozo.

2 Utilice una brocha vieja para quitar los restos de polvo del agujero, especialmente a lo largo de la parte baja del borde donde se depositará más cantidad de polvo. Si esto no se hace, el nuevo yeso no se adherirá adecuadamente a la superficie de la pared en la base del agujero y puede que se caiga de nuevo.

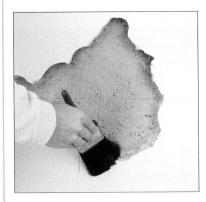

3 Disuelva con agua un poco de adhesivo de pva (acetato de polivinilo) para construcción, echando una parte de pva y cinco partes de agua, y aplique una capa de esta solución con la brocha sobre la pared, asegurándose de que llega a todos los rincones del agujero. Con esto se sellará la superficie, evitando que sea absorbida la humedad del yeso nuevo y se seque demasiado rápido, lo que produciría que el yeso se rompiese una vez asentado. Deje que se seque antes de proceder con el enlucido.

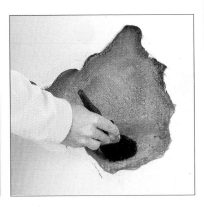

4 Mezcle un poco de yeso en un cubo hasta que tenga consistencia de pudín. Siga las instrucciones del fabricante en cuanto a cantidades, pero recuerde que merece la pena mezclar un poco más de lo que usted cree que va a necesitar para no quedarse escaso. Asegúrese de que remueve totalmente el yeso y no quedan grumos: si añade el yeso al agua en vez de al revés, evitará grumos en la mezcla. Ponga un poco de yeso en un esparavel y utilice un paletín para presionar el yeso en el agujero. Empiece por los bordes del agujero rellenando gradualmente toda la zona, sobrepasando la superficie 2 o 3 mm.

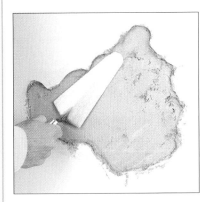

5 Cuando haya rellenado el agujero, pase la punta del paletín trazando unas líneas entrecruzadas. Este proceso se utiliza para que el yeso de la capa de acabado tenga la oportunidad de agarrar bien a la superficie inferior. Deje que el yeso se asiente durante un par de horas antes de aplicar la capa de acabado.

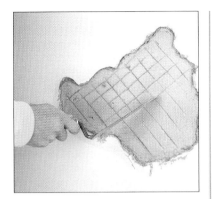

Trucos del oficio

Mezcla de yeso preparada: A menos que tenga que hacer mucho arreglos, normalmente no merece la pena comprar los productos para mezclar por separado, dado que el saco más pequeño que se puede comprar es de 10 kg. Esta cantidad de yeso es suficiente para cubrir aproximadamente 1,5 m²; la misma cantidad que con yeso de acabado se cubren unos 5 m². Por ello es más económico comprar un tubo de mezcla preparada y utilizarla para rellenar el hueco en una sola operación. Este tipo de yeso contiene látex y otros aditivos para evitar que el yeso se salga del agujero cuando se aplique bastante cantidad. Rellene bien la zona, dejando que sobresalga el emplaste ligeramente, déjelo que se endurezca, luego líjelo con papel abrasivo fino hasta que la reparación quede enrasada con la superficie de la pares.

Almacenamiento de yeso: Si va a utilizar yeso en sacos en vez de mezcla preparada, lo que le sobre guárdelo en una bolsa de plástico herméticamente cerrada, para evitar que se humedezca y se endurezca en la bolsa. Ponga la fecha en la bolsa y tírela si pasados seis meses no lo ha utilizado; el yeso no mantiene sus propiedades una vez abierto.

6 Mezcle una pequeña cantidad de yeso para enlucido, que tenga una consistencia de helado derretido. Una vez más, asegúrese de que remueve totalmente el yeso para quitar cualquier grumo. Eche un poco en el esparavel y vaya cogiéndolo con la llana y aplicándolo en un movimiento de abajo arriba. Incline la hoja en posición vertical según va acabando la aplicación para apretar el yeso entre la llana y la pared.
Aplique una segunda o tercera capas si fuera necesario, con el extremo del fratás descansando sobre el yeso para enrasarlo.

8 Deje la zona reparada para que se seque unos minutos. Limpie bien su llana y utilice una vieja para humedecerlo con agua limpia. Utilice esto para limpiar el acabado final.

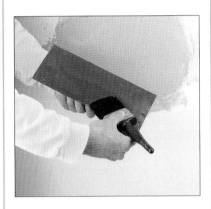

9 Mantenga el esparavel pegado a la superficie de la pared para allanar e igualar la zona reparada y darle un acabado final. Moje, si es necesario, el esparavel y no se preocupe de presionar fuertemente sobre la pared. Deje que se seque el enlucido y retire los restos que hayan quedado alrededor de la zona reparada, ya lista para volver a pintar.

COMPROBACIÓN DE EXISTENCIA DE HUMEDAD

Una de las posibles causas de que el enlucido se caiga es la humedad en la pared. Esto puede ser el resultado de humedad que penetra debido a defectos en la estructura de la casa; los problemas típicos son penetración de agua por los marcos de ventanas y puertas, o defectos en el tejado que permiten que el agua penetre en los techos o baje por el tiro de la chimenea. Las manchas de humedad en las paredes de la planta baja pueden estar causadas por humedad ascendente, debido a defectos en la capa aislante horizontal. Cualquiera que sea la causa, es esencial arreglar los defectos antes de reparar el enlucido, porque la humedad continuada lo único que hará es que haya que reparar de nuevo (ver páginas 134-135). Si no está seguro de si una pared tiene humedad, alquile un aparato medidor de humedad y utilícelo para comprobarlo.

7 Corte un trozo de listón de longitud suficiente para que abarque el espacio reparado y utilícelo para raspar los restos de yeso que sobresalgan de la superficie de la pared. Se notará si ha quedado alguna zona hundida. Si la hay, aplique un poco más de yeso y rellénela, luego vuelva a pasar el listón una vez más y quite el sobrante.

Reparación de esquinas y rincones ↗

Las partes más vulnerables de cualquier pared con enlucido de yeso son las esquinas, especialmente las zonas de paso donde existe más probabilidad de golpear y dañar los ángulos salientes de las mismas. En las casas más viejas son especialmente delicados, porque el yeso original suele tener un grosor mayor y es más débil que el utilizado en los trabajos modernos y también es probable que no esté reforzado. Los rincones están menos expuestos a sufrir deterioros, dado que generalmente el daño que puedan sufrir se reduce al resquebrajamiento interior debido al movimiento diferencial en la estructura de la casa.

Arreglo de pequeños desperfectos

Si el daño es superficial, el arreglo de la esquina o rincón es un trabajo simple para realizar en dos fases. Si la pared está empapelada en vez de pintada, lo primero de todo es retirar el papel de la zona que se va a reparar.

Herramientas necesarias

Destornillador viejo o cincel pequeño

Brocha vieja

Serrucho de costilla

Taladradora y brocas pasamuros

Martillo

Espátula

1 Retire cualquier yeso suelto de la zona dañada con un destornillador viejo o un cincel pequeño hasta que el lugar quede limpio y liso. Luego cepille cualquier resto de polvo que quede con una brocha vieja.

2 Corte un trozo de listón de una longitud del doble de la sección dañada y al menos 50 mm de ancho, para que los clavos que lo van a fijar a la pared no rompan más yeso de la esquina. Taladre agujeros guía cerca de cada extremo del listón e introduzca clavos para muros. Mantenga el listón junto a uno de los lados de la esquina con su canto alineado con el otro lado e introduzca los clavos lo suficiente como para que el listón no se mueva. Deje las cabezas sobresaliendo para que luego los pueda sacar fácilmente.

3 Mezcle un poco de emplaste y utilice una espátula para ponerlo en el hueco entre el borde dañado y el listón. Pase una espátula por las superficies de pared y listón, para que ambos queden bien enrasados con el emplaste. Empuje la espátula con firmeza para asegurar que el emplaste se compacta bien.

4 Deje que la pasta se seque, luego quite con cuidado el listón y vuelva a colocarlo en la otra cara de la esquina, cubriendo la parte que acaba de rellenar y con el canto enrasado con la pared adyacente. Rellene el resto del hueco como antes, de nuevo pasando la espátula por las superficies de pared y listón para que quede bien liso.

5 Cuando la pasta se haya asentado, sujete el listón con cuidado y tire de los clavos. Rellene los agujeros que han dejado los clavos con más emplaste, luego lije suavemente el trozo reparado con papel abrasivo fino para que se quede igualado con el perfil del resto de la esquina.

Reparación de una esquina entera

Si la esquina está muy dañada, es mejor sanear y reparar la esquina desde el suelo hasta el techo, incorporando una esquinera de malla metálica por debajo del yeso para que los posibles daños en un futuro sean menores. A no ser que tenga en casa yeso en polvo, compre un tubo de mezcla de yeso lista para aplicar en la zona a reparar.

Herramientas necesarias

Cinta métrica

Banco de trabajo portátil

Sierra de arco

Cincel para ladrillo

Maza

Esparavel

Paletín

Llana

Paleta para rincones (opcional)

1 Mida la altura de la esquina. Sujete la esquinera en un banco de trabajo portátil y córtela al tamaño preciso con una sierra de arco. Corte primeramente los bordes y luego la malla que los flanquea.

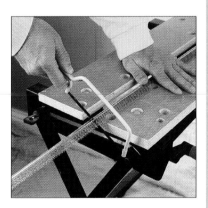

2 Utilice un cincel y una maza para quitar una tira de yeso de unos 40 mm de ancho a cada lado de la esquina. Trace unas líneas de guía en cada pared y corte a lo largo de cada línea primero, luego retire el yeso de la esquina.

3 Ponga unos pegotes de yeso a intervalos de 300 mm en cada lado de la esquina, utilizando un paletín.

4 Presione la esquinera hasta que el yeso salga por la malla. Las alas deberían casi tocar la fábrica para aegurar una correcta nivelación de la esquinera.

5 Utilice la punta del paletín para allanar el yeso que ha rebosado por la malla y retirar el sobrante. Compruebe que la esquinera está vertical y haga las correcciones necesarias. Deje que el yeso se asiente durante una hora antes de proseguir.

6 A continuación, rellene el hueco entre la esquinera y el yeso existente. Trabaje empezando por abajo y subiendo por un lado de la esquina, manteniendo la paleta en un ángulo de 45° según la va llevando hacia arriba y apretando el yeso hacia dentro. Repita el proceso en el otro lado de la esquina.

7 Moje con agua la hoja de la llana y pula el yeso para dejar un acabado liso y terso. Cuando el yeso se haya endurecido, complete el trabajo utilizando un trapo húmedo para quitar los restos de yeso que queden fuera de la esquinera.

115

Reparación de paredes huecas ↗

La mayoría de las casas tienen paredes huecas construidas con estructura de madera. En las casas más antiguas, estas paredes se cubrían con listones de madera finos que se cubrían de yeso, un acabado conocido como listón y yeso. En las casas construidas a partir de 1930, se han utilizado los paneles de cartón yeso en lugar de los listones y yeso. Ambos materiales son propensos a dañarse por golpes, lo que genera que, en las paredes de listón y yeso, el estuco se rompa y se caiga, y en las de cartón yeso generalmente quede un agujero.

Reparación de listón y yeso

En tanto en cuanto los listones no estén dañados, volver a enyesar es un trabajo fácil porque los listones hacen de soporte al yeso. Si hubiera alguno roto, habría que repararlo para evitar que el yeso se caiga dentro del vano detrás de los listones.

Herramientas necesarias

Cuchilla

Brocha vieja

Lápiz

Tijeras o cortador de hojalata

Taladradora sin cable

Cubo y gaveta

Esparavel

Paletín

Llana

1 Utilice la cuchilla para limpiar el yeso suelto del borde de la zona dañada, hasta que llegue a la zona en que el yeso esté bien adherido a los listones traseros. Quite cualquier lasca atrapada entre los listones y el vano de detrás.

2 Utilice una brocha vieja para quitar del agujero y los listones el polvo y los fragmentos que queden. Tenga cuidado de limpiar bien la zona porque el material suelto que quede en el agujero evitará que el yeso nuevo se adhiera adecuadamente a los listones, y quizá conlleve un fallo prematuro de la reparación.

3 Coloque un trozo de tela metálica fina sobre el agujero y pase un lápiz por el contorno del mismo. Córtela de ese tamaño con unas tijeras o cortador de hojalata, sitúela en el hueco y taladre unos agujeros guía pequeños que atraviesen la tela y los listones. Asegure la tela metálica a los listones con tornillos cortos y finos avellanados.

4 Humedezca los bordes del agujero con agua para evitar que el yeso se seque rápidamente y se rompa. Mezcle yeso para estuco y póngalo en el agujero con la ayuda de un paletín, trabajando desde los bordes hacia el centro. Rellene el agujero con una capa de yeso de 2-3 mm. Pase la punta de la paleta sobre el yeso húmedo a fin de trazar unas líneas entrecruzadas para que quede una buena base para la capa de acabado.

5 Deje que la capa base se endurezca, luego mezcle un poco de yeso de acabado y aplíquelo dejándolo enrasado con la pared. Déjelo que se asiente, luego moje la llana y pula la superficie para darle un acabado liso.

Si tiene que reparar paredes de listón y yeso, compre un tubo de mezcla preparada de yeso de una capa si no tiene a mano yeso en polvo. Aplique una única capa gruesa en el agujero con una llana, presionando con firmeza contra los listones para que el yeso se extienda entre ellos para formar una base. Termine la reparación dejándola enrasada con la superficie y déjelo que se endurezca antes de redecorar.

Reparación de cartón yeso

Si tiene un agujero en una pared de cartón yeso, no habrá nada detrás que sujete el yeso con que se rellena. La solución es insertar una pieza de cartón yeso u otro tipo de tablero en el agujero y ajustarlo al hueco, luego rellenar el agujero de la manera habitual.

Herramientas necesarias

Lápiz y regla

Cuchilla o sierra de punta

Serrucho

Taladradora sin cable

Espátula

1 Dibuje un cuadrado o un rectángulo alrededor del agujero y corte por la línea trazada con una cuchilla. Utilice una sierra de punta para cortar cartón yeso de 12,5 mm de espesor, porque es demasiado grueso para poderlo cortar con facilidad con una cuchilla. Quite el trozo cortado de cartón yeso.

2 Corte una pieza de cartón yeso o de otro material similar del tamaño apropiado –aproximadamente del doble de altura del agujero y un poquito más corto que la anchura–. Taladre un agujero en el centro de este retal e introduzca dos trozos de cuerda por el orificio. Ate los extremos de las cuerdas a un clavo y tire de las mismas hasta que el clavo tope con la cara de la tabla.

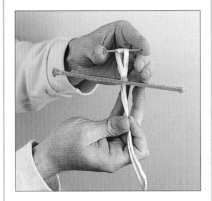

3 Eche un poco de adhesivo instantáneo al otro lado del recorte, en los dos lados cortos. Así se quedará fijada a la cara interna de la pared cuando se inserte por el agujero.

4 Meta la tabla con cuidado en el agujero a la vez que sujeta la cuerda con la otra mano, para que no se caiga en el vano. Muévalo para que los dos extremos cortos presionen contra la cara interna del tablero de la pared por encima y por debajo del agujero. Tire fuerte de la cuerda para que se quede pegado. Si usa adhesivo instantáneo quedará fijado después de un minuto. Déjelo que se asiente durante el tiempo recomendado.

5 Cuando el adhesivo se haya secado, corte la cuerda. Mezcle un poco de emplaste y rellene el

agujero en dos fases: primero a la mitad de su profundidad y luego, cuando esta capa esté seca al tocarla, eche un poco más que sobresalga de la superficie de alrededor. Déjelo que se endurezca y luego alíselo.

Si el agujero en la pared de cartón yeso es mayor de 100 mm de ancho, es mejor utilizar la técnica para reparar techos dañados (ver página 118). Haga unos cortes horizontales por encima y por debajo del agujero, junto a los travesaños adyacentes a cada lado, dejando un agujero rectangular. Corte unos tacos para ajustarlos entre los travesaños detrás de los bordes superior e inferior del agujero y fíjelos a los travesaños con tornillos introducidos en un ángulo de 45°. Corte un poco de cartón yeso que se ajuste al tamaño del agujero, clávelo a los travesaños y los tacos. Luego aplique una fina capa de yeso sobre la reparación.

Arreglo de techos ✂✂

Los techos se pueden estropear por fugas de agua, o algunas veces, en techos viejos de listón y yeso, puede simplemente desprenderse el yeso de los listones si el estuco falla con el paso del tiempo, pero la causa principal y más común de daños en el techo es cuando, en el desván, el pie de alguien se escurre fuera del cabrio sobre una zona sin tablero y termina atravesándolo, el argumento de muchas series de televisión! Sin embargo, después de los primeros momentos de risa, no tiene por qué cundir el pánico, dado que se puede reparar y devolver al techo un acabado como si fuera nuevo. Cualquiera que sea la causa del daño, la mejor solución es cortar la zona afectado para colocar una pieza de cartón yeso nueva.

Herramientas necesarias

Detector de vigas, tuberías y cables

Lápiz

Listón recto

Gafas protectoras

Sierra de punta

Cuchilla

Martillo de uña

Cinta métrica

Serrucho

Taladradora y brocas

Destornillador

Cinta autoadhesiva para juntas

Espátula

Llana

Esparavel

2 Trace dos líneas más perpendiculares a la primera, uniendo las líneas de las vigas para formar un rectángulo de la zona que piensa cortar. Utilice una regla larga, un listón recto o un nivel.

4 Deje a un lado la parte cortada y utilice un martillo de uña para sacar los clavos viejos de la parte inferior de las vigas. Tire de ellos con la cabeza del martillo sin rozar el cartón yeso.

1 Localice las vigas a ambos lados del agujero, bien utilizando un detector electrónico de vigas o, si el desván no tiene cobertura de suelo, haciendo agujeros a través del techo a lo largo de las vigas para que sus posiciones se hagan visibles en la habitación de abajo. Trace una línea con el lápiz a lo largo de la línea central de cada viga, extendiéndola más allá de la zona dañada.

3 Corte desde el agujero en dirección hacia una de las líneas guía utilizando una sierra de punta, luego corte a lo largo de la línea en cada dirección hasta que alcance las vigas. Repita el proceso al otro lado del agujero. Utilice una cuchilla para cortar el cartón yeso a lo largo de las líneas guía que marcan el centro de las vigas. Vaya fijándose por si aparecen clavos escondidos.

5 Corte dos trozos de madera blanda para acoplarlos entre las vigas a cada lado del agujero. Estas piezas actuarán como soporte de los bordes del cartón yeso nuevo. Tienen que tener el canto recto y medir al menos 50 x 50 mm, pero es mejor que sean de 100 x 50 mm. Clávelos hasta la mitad.

✋ Consejo de seguridad

También tiene que comprobar si existe cualquier tipo de instalación, como tuberías de agua o cables eléctricos, en las proximidades al agujero antes de trazar las líneas guía para cortar. Si el techo se encuentra bajo el desván, estas comprobaciones se pueden hacer de manera manual; si no es así, se puede utilizar un detector de tuberías, cables y vigas.

6 Para asegurar cada listón tendrá que taladrar un agujero en los extremos, en ángulo de 45° con la viga; luego introduzca un tornillo largo para asegurar el extremo del listón a la viga. Repita el proceso para fijar el otro extremo en el lado contrario de la viga. No se preocupe si los listones se mueven ligeramente cuando los atornilla; todavía quedará suficiente madera para clavar el cartón yeso.

8 Pegue cinta metálica autoadhesiva en las juntas para evitar la aparición de grietas en el futuro. Luego utilice una espátula para aplicar una franja de emplaste sobre la cinta para esconder y rellenar las fisuras alrededor de la reparación.

7 Mida y corte un trozo de cartón yeso del tamaño del agujero. Pruebe a ver si ajusta en el hueco y si fuera necesario recorte los bordes con una cuchilla hasta que la medida se acople. Ponga el trozo de cartón yeso en el sitio y clávelo a las vigas y travesaños con clavos galvanizados de 30 mm para cartón yeso. Coloque los clavos a una distancia mínima de 10 mm de los bordes del cartón yeso e introdúzcalos en la madera hasta que las cabezas se hundan en el papel. Clave también el cartón yeso existente a los travesaños a lo largo de los bordes del hueco.

9 Enluzca la zona reparada con una fina capa de yeso de acabado si lo tiene, o utilice mezcla de yeso preparada. Alise los bordes del yeso para enrasarlo con la superficie del techo para que no se note. Moje una llana y utilícela para pulir la reparación. Déjelo que se seque y redecore.

DAÑOS PRODUCIDOS POR EL AGUA

Techos de cartón yeso: Si una parte del techo se ha empapado a causa de la humedad o por un escape de agua, el acabado de la superficie habrá quedado manchado, incluso aunque el cartón yeso esté intacto. No basta sólo con volver a darle una mano de pintura, porque la mancha seguirá saliendo. La solución es taparla con un aerosol antimanchas patentado, o cubrirla con una primera capa de imprimación o pintura. Una vez tapada, puede pintar igualándolo al resto del techo.

Techos de listón y yeso: Si el techo está construido con listón y yeso, la técnica para hacer la reparación es ligeramente diferente:

1. Para empezar, retire todo el material suelto que pueda, luego señale el perímetro de la zona que hay que quitar, como en los techos de cartón yeso.

2. Con la sierra, primero haga cortes paralelos a los listones, introduciendo la sierra entre listones y cortando a través del yeso. Desaloje la mayor cantidad de yeso que pueda entre estos cortes y el agujero para dejar al descubierto los listones que hay que quitar.

3. Simplemente tire hacia abajo de los listones para que los clavos se suelten de las vigas; seguramente estarán muy secos y oxidados. Corte por el centro de cualquier listón dañado y sáquelo de la misma manera.

4. Sanee con la cuchilla los extremos rotos de los listones situados entre las vigas, luego coloque el cartón yeso nuevo. Si el trozo de yeso con que se ha reparado se cae porque la base de los listones ha fallado, el resto del techo podría caerse también. En este caso, la mejor solución es quitar el techo entero y sustituirlo por un techo de cartón yeso.

Restauración de molduras de escayola ⁄⁄

Muchas casas antiguas presentan, como elementos originales, cornisas de escayola con muchos detalles, así como otras molduras de techo y pared. Quizá estas molduras se hayan fabricado con escayola fibrosa y luego se hayan atornillado, pues la mayoría de ellas son demasiado pesadas para ser sujetadas solamente con adhesivo de escayola. Desafortunadamente, las capas de pintura irán con los años oscureciendo gradualmente los detalles. Muchas también quizá se hayan dañado por la construcción de paredes divisorias para subdividir habitaciones grandes. No obstante, generalmente se pueden restaurar.

Limpieza de molduras

Si usted tiene molduras que están cubiertas con capas de pintura vieja, prepárese para realizar un trabajo de restauración lento y minucioso. Lo primero que tiene que hacer es descubrir con qué clase de pintura va a tener que batallar. En una casa que no haya sido restaurada probablemente será pintura al temple, pero en las que ya ha habido reformas podrá encontrar cualquier cosa, desde esmalte hasta pinturas de emulsión modernas.

Herramientas necesarias

Plataforma de trabajo

Pulverizador de agua

Puntas y rascadores improvisados

Viejos cepillos de dientes

Cepillo de cerda suave

1 Para tratar una moldura vieja, lo primero que hay que hacer es rociarla con agua en forma de lluvia con un pulverizador. Esta operación ablandará el temple, pero no otros tipos de pintura. Remoje una zona para probar y déjela que lo absorba durante unos 10-15 minutos.

2 Si el agua funciona, utilice un improvisado escarbador, rascador o cepillo de dientes, lo que sea más apropiado, para quitar el temple viejo poco a poco. Éste es un trabajo minucioso y que lleva tiempo, así que cada vez póngase con un pequeño trozo y asegúrese de que está trabajando a una altura cómoda, sobre una plataforma de trabajo mejor que en una escalera de mano.

3 Después de quitar toda la pintura que pueda, frote la superficie de la moldura de manera suave con un cepillo de cerdas blandas, para quitar motas y partículas que hayan dejado el rascador y el escarbador. Vuélvalo a pintar con una capa fina de emulsión para que actúe como sellador, seguido de una capa más gruesa.

Consejo de seguridad

Lleve siempre guantes de pvc y gafas de protección para aplicar cualquier tipo de decapante químico de pintura.

4 Si el agua no funciona sobre la pintura vieja, tendrá que experimentar con productos decapantes químicos. Busque artículos que vengan en forma de pasta, mejor que líquidos en gotas. El primero quedará pegado a la superficie de la moldura y la ablandará, mientras que el segundo se esparcirá por cualquier lado y lo estropeará. Cepille bien el decapante, luego trabaje dentro de los huecos de la moldura punteando con el cepillo.

5 Algunos decapantes vienen preparados para utilizarse junto con tiras de tejido fibroso especial que hay que colocar bajo la capa de decapante. Éstos no sólo evitan que el decapante se seque demasiado rápido, sino que también permiten sacar la tira y despegar en una sola maniobra después de que el decapante haya realizado su función, haciendo que el trabajo de restauración sea una labor menos pesada.

Restauración de cornisas dañadas

Si el daño en la cornisa es pequeño, quizá pueda repararlo con emplaste o yeso, moldeando el material de reparar para que quede igual que el original. Sin embargo, si esto no es posible, la mejor opción es reemplazar la sección dañada con una nueva pieza de cornisa lo más parecida posible a la original.

Existen muchas empresas que fabrican réplicas modernas de las tradicionales cornisas de escayola, así que, a menos que su cornisa en particular esté en desuso, quizá pueda encontrar un trozo para reponer en alguno de estos proveedores.

Otro posible recurso para igualar cornisas es acudir a una de las compañías de arquitectura dedicadas a rescatar piezas y detalles de casas viejas que después venden. Sin embargo, cualquiera de estas soluciones puede que salga cara.

Herramientas necesarias

Gafas protectoras

Guantes de trabajo

Cincel

Maza

Sierra de arco

Equipamiento para enlucir
(ver páginas 112-113)

Destornillador

Espátula

Brocha

1 Si puede conseguir un trozo de cornisa de sustitución que iguale a la cornisa dañada de su casa, quite la sección dañada cortando con cuidado, trozo a trozo, un cincel y una maza. No se olvide de ponerse guantes y gafas para protegerse del polvo y escombros que caigan. Dependiendo de cómo se instaló la cornisa, quizá se encuentre con que el yeso de pared y techo se case al tiempo que trabaja. Busque los tornillos de fijación escondidos en la dovela. Rompa el yeso alrededor de ellos, luego córtelos con una sierra de arco para enrasarlos con la superficie de la pared o techo.

2 Cuando haya quitado el trozo dañado de la cornisa, limpie la zona que ha quedado al descubierto en las superficies de pared y techo, de tal manera que la nueva cornisa se pueda acoplar perfectamente a ellas. Corte la nueva cornisa al tamaño preciso y haga una prueba para ver si se adapta; esto es un trabajo para dos pares de manos. Si la cornisa vieja se colocó después de enyesar, tendrá que volver a hacerlo en las zonas que se desprendieron en el punto 1.

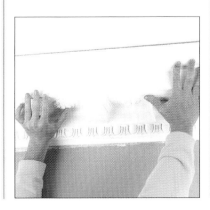

3 Asegúrese de que el yeso o la escayola que ha vuelto a echar se ha endurecido totalmente antes de instalar el trozo de cornisa de sustitución. Cuando esté listo, taladre agujeros de fijación a través de la cornisa a la distancia recomendada por el fabricante. Ponga la dovela en el sitio y marque los correspondientes agujeros en la pared. Taladre e inserte tacos, luego aplique el adhesivo recomendado a la parte trasera de la cornisa y péguela a pared y techo, presionándola firmemente. Asegúrela con tornillos largos que queden por debajo de la superficie de la cornisa.

4 Ponga masilla dentro de los agujeros de los tornillos y las juntas entre la parte vieja y la nueva de la cornisa; luego arregle el yeso de la pared y el techo. Finalmente, pinte la cornisa con una capa de pintura de emulsión para sellar la superficie, seguida de una capa más gruesa.

Pase bien la brocha para evitar que la capa de pintura sea más gruesa en unos sitios que en otros.

Reparación de suelo de hormigón ✂✂

Si se deja al descubierto un suelo de hormigón que ofrece señales de su edad, hay que llevar a cabo las reparaciones o reformas necesarias antes de colocar una nueva cobertura de suelo. Si no lo hace, los problemas empeorarán y se puede estropear el resultado y apariencia de la cobertura del suelo. Quizá tenga que sellarlo, repararlo, impermeabilizarlo o enrasarlo; o cualquiera de estas cosas en combinación. No obstante, estos trabajos son factibles siempre que la persona tenga la habilidad necesaria para realizarlos, ya sea aficionado al bricolaje o no.

Consejo de seguridad

Lleve guantes, gafas de protección y mascarilla cuando trabaje con hormigón, a fin de evitar la inhalación de polvo y daños por escombros que salten.

Sellado de hormigón pulverizado

Uno de los problemas más habituales con los suelos de hormigón es el polvo. Esto generalmente ocurre porque cuando se hormigonó el firme del suelo la mezcla era demasiado fina, resultando una superficie rica en cemento, pero baja en fuerza. Con el paso del tiempo las pisadas gradualmente ocasionan que la superficie del hormigón se desintegre, y cuando el suelo viejo se levanta la superficie está cubierta de una capa de polvo.

Herramientas necesarias

Cepillo de barrer suave

Recogedor

Cubo

Rodillo de pintar con mango extensible

Bandeja para el rodillo

1 Cierre la puerta y abra las ventanas, luego barra el suelo de un lado a otro y eche el polvo en el recogedor. Póngalo en una bolsa y ésta en un cubo. No barra con mucha energía porque lo que hará será crear más polvo, ya que en la superficie el hormigón continuará rompiéndose. Deje que se asiente el polvo durante una hora antes de proceder con el acabado.

2 El siguiente paso consiste en aplicar una solución selladora al hormigón. Puede utilizar una solución estabilizante, en cuyo caso simplemente vierta un poco dentro de la bandeja del rodillo. Sin embargo, si elige adhesivo de construcción de pva (acetato de polivinilo), deberá diluirlo con agua según las instrucciones que dé el fabricante; después vierta esto en la bandeja del rodillo. Ajuste el mango extensible y empape el rodillo. Aplique el sellador en bandas, trabajando hacia atrás en dirección a la puerta, y déjelo que se seque. Aplique una segunda mano si el suelo fuera muy poroso. Utilizar un rodillo es más rápido que aplicar el sellador con un cepillo, y un mango extensible significa que no trabajará apoyado sobre manos y rodillas.

Arreglo de hormigón

Si el suelo tiene grietas grandes y pequeños baches, éstos se notarán si coloca una cobertura de suelo lisa y probablemente se empeoren con el tiempo. Arréglelos ahora para evitar mayor deterioro.

Herramientas necesarias

Cortafríos

Maza

Cepillo duro

Brocha vieja

Cubo y gaveta

Esparavel

Paleta

Llana

1 Utilice el cortafríos y la maza para retirar el material que esté suelto junto a las grietas o alrededor de la parte resquebrajada. Continúe hasta que llegue al trozo que está en buenas condiciones, luego socave ligeramente la zona a reparar. Utilice un cepillo duro para quitar el polvo y las pequeñas lascas.

2 Aplique con un cepillo una capa de adhesivo para construcción de pva diluido, a lo largo de las grietas y dentro de los agujeros. Luego mezcle un poco de emplaste de construcción o mortero y póngalo en el esparavel. Utilice un paletín para empujar el emplaste o mortero dentro de las grietas, dejando todo bien enrasado.

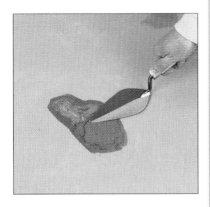

3 Rellene los agujeros capa a capa y luego utilice una llana para dejar la superficie lisa. Cuando se haya secado, aplique una mano de adhesivo de pva para construcción, diluido para sellarlo.

Aplicación de compuesto autonivelador

Un suelo de hormigón tendrá una capa de acabado de hormigón fino, normalmente de unos 5 mm de grosor. Si se encuentra en malas condiciones en general, la mejor manera de dejar una superficie lisa y plana es cubrirlo con un compuesto autonivelador. Este producto se aplica en una capa fina, dejando los suelos duros con una superficie perfecta para cualquier tipo de cobertura de suelo.

Herramientas necesarias

Cepillo duro

Rodillo de pintar con mango extensible

Bandeja para el rodillo

Cubo

Taladradora y varilla mezcladora

Llana

1 Barra el suelo para quitar polvo y escombros, luego séllelo con una capa de adhesivo de pva para construcción diluido, aplicado con un rodillo de pintar (siga el método descrito en el punto 2 sobre "sellado de hormigón" en la página anterior). Deje que el sellador se seque durante toda la noche.

2 Mezcle el compuesto autonivelador en un cubo, siguiendo las instrucciones del fabricante. Estos compuestos están basados en agua, pero quizá requieran la adición de uno o más productos químicos para facilitar su empleo. Cualquiera de estos productos ya vendrá con el compuesto.

3 Vierta suficiente compuesto autonivelador para cubrir una superficie de unos 2 m², comenzando en el rincón de la habitación que se encuentre más alejado de la puerta. El compuesto se nivelará por sí mismo. Utilice una llana para extenderlo sobre el suelo desigual hasta el zócalo. Luego vierta un poco más y aplíquelo de la misma manera. Trabaje hacia atrás en dirección a la puerta, dejando que se endurezca durante unas dos horas antes de caminar por encima. Puede poner la nueva cobertura del suelo al día siguiente.

TRATAMIENTO DE SUELOS CON HUMEDAD

Si sospecha que un suelo de hormigón tiene humedad, por ejemplo porque la cobertura de suelo esté manchada o enmohecida por debajo, alquile un medidor de humedad en la tienda de alquiler de herramientas. Utilice el medidor para comprobar la extensión de la humedad, que probablemente esté causada por un fallo de la membrana aislante en la estructura del suelo de la casa. Resuelva el problema aplicando dos capas de emulsión impermeable, siguiendo las instrucciones del fabricante en cuanto a manos a aplicar y tiempo de secado. Utilícelo a primera hora de la mañana para que pueda ventilar totalmente la habitación mientras el compuesto se seca. Si prevé utilizar compuesto autonivelador después de impermeabilizar el suelo, compruebe cuando los compre que los dos productos son compatibles.

Rejuntado de ladrillos

Las juntas de mortero entre ladrillos –el relleno– son el punto más débil de una pared exterior. Si falla por cualquier motivo, el agua calará los ladrillos y las heladas invernales harán que sus caras se rompan –lo que se conoce como descantillado–. El problema puede haber sido causado por una mala ejecución al utilizar mortero que no era adecuado o simplemente por la erosión de la lluvia. Revise los ladrillos cada primavera y arregle aquellas zonas que muestren signos de deterioro antes de que afloren problemas serios.

Herramientas necesarias

Gafas de protección

Guantes de trabajo

Cortafríos

Maza

Cepillo duro

Cubo y gaveta

Pulverizador

Esparavel

Paletín

Herramientas para perfilar

1 Si se encuentra con alguna zona en la que el relleno se ha soltado, el primer trabajo consiste en retirarlo hasta que se llegue al mortero que está en buenas condiciones, a una profundidad mínima de unos 20 mm, utilizando cortafríos y maza. Lleve guantes y gafas para resguardarse de lascas que salten. Empiece primero por las juntas horizontales y siga después con las verticales.

2 Utilice un cepillo duro, pero no uno metálico porque marcará los ladrillos; para limpiar el polvo y los escombros de las juntas en las que haya trabajado. Luego mezcle una

pequeña cantidad de mortero y déjelo que se seque para ver si iguala con el mortero existente. La proporción será de una parte de cemento y cinco partes de arena fina, y pruebe con diferentes colores de arenas para armonizarlo.

3 Cuando consiga la fórmula adecuada de mortero, mezcle aproximadamente medio cubo cada vez –el rejuntado es un trabajo lento y el mortero sin utilizar que ha empezado a secarse no se puede recuperar añadiendo más agua–. Luego esparza agua con un pulverizador sobre la zona donde planea trabajar. Esto ayuda a que la fábrica no absorba la humedad y evita que el mortero se seque demasiado rápido.

Trucos del oficio

Arreglo de zonas amplias: Si tiene que rejuntar una superficie amplia de la pared, puede acelerar la tarea de retirar el mortero estropeado alquilando una herramienta denominada rastrillador de mortero. Este aparato lleva una cuchilla de carburo de volframio que pica el mortero a una profundidad preestablecida en menos de la mitad de tiempo que si lo hace a mano. Cuando utilice esta herramienta, lleve gafas, mascarilla y protectores de oídos.

Equipamiento de acceso: El rejuntado de ladrillos es un trabajo lento y si trabaja subido a una escalera de mano puede terminar con dolor de espalda y de pies. Sería mejor colocar un andamio para zonas que se encuentren a más de tres metros del suelo. Este dispositivo no sólo le permitirá estar de pie o de rodillas de manera cómoda, sino que también le ofrecerá una superficie para tener a mano las herramientas y los materiales. Estos elementos se pueden alquilar.

4 Ponga un poco de mortero en el esparavel y forme un trozo en forma de salchicha ayudándose con el paletín. Empuje el mortero con firmeza en una de las juntas horizontales y pase la punta del paletín por encima para trabarlo bien con el mortero que hay debajo. Primero haga el rejuntado de todas las juntas horizontales.

5 Utilice la misma técnica para rellenar las juntas verticales, de una en una. Apriete bien el mortero hacia dentro, dejándolo casi a ras de la superficie de los ladrillos. Retire el exceso de mortero según va trabajando, pero deje aquel que haya manchado la cara de los ladrillos hasta que se seque. Luego puede quitarlo con un cepillo seco.

6 Cuando haya completado 1 m² de pared, es el momento de acabar el rejuntado igualándolo con las juntas existentes en la pared. En las juntas expuestas a las inclemencias del tiempo, el mortero tiene una inclinación hacia fuera de arriba abajo, con la parte alta retranqueada unos 5 mm y la parte inferior a ras del ladrillo que tiene debajo. Forme este tipo de junta pasando la punta del paletín a lo largo de la nueva junta rellenada, con la parte plana del mismo descansando sobre el borde del ladrillo que hay debajo.

7 Para igualar la forma en V retranqueada, pase la punta del paletín por el centro de la nueva junta de mortero, quitando un poco de mortero para trazar la forma adecuada.

8 La junta con perfil cóncavo es la más común y fácil de igualar. Simplemente pase un objeto redondeado, como puede ser un trozo de manguera por toda la junta, dejándola con una sección semicircular. Una junta totalmente retranqueada queda 10 mm hacia dentro desde la superficie del ladrillo. Se forma pasando un trozo de madera de similar anchura por la junta para dejar el mortero a una profundidad uniforme. Este tipo de junta no se debería usar sobre fábricas en lugares expuestos a las inclemencias del tiempo.

Trucos del oficio

Si tiene dificultad para igualar el color del mortero existente, intente añadir un pigmento de mortero a la mezcla. Estos polvos se fabrican en color negro, marrón, verde, amarillo y rojo, y vienen en paquetes de 1,25 kg con los que se puede teñir unos 50 kg de cemento. Haga primero una prueba utilizando diferente cantidad de pigmento, dejándolo que se seque antes de comparar el color final. Mida los ingredientes con precisión, la cantidad de pigmento, por exceso o por defecto, cambiará el color del mortero de acabado notablemente.

Identifique el tipo de junta del muro y trate de aproximarse a éste lo más posible. Las juntas de este muro se han fabricado con un molde de madera.

Sustitución de ladrillos rotos ⟋⟋⟋

Si el rejuntado ha fallado permitiendo que la lluvia penetre por detrás de la cara de la pared, y la subsiguiente helada ha producido roturas en las caras de algunos ladrillos –conocido como descantillado–, la única manera de restaurar la apariencia de la pared es retirar los ladrillos dañados y sustituirlos. El trabajo en sí mismo es relativamente fácil. El mayor problema radica en encontrar ladrillos nuevos que igualen bien con los existentes.

Herramientas necesarias

Gafas protectoras

Guantes

Cortafríos

Maza

Martillo percutor y brocas pasamuros

Cincel para ladrillo

Cubo y gaveta

Tablero

Esparavel

Paleta

Paletín

Herramientas para perfilar

1 Retire el relleno alrededor del ladrillo dañado, utilizando un cortafríos y una maza.
Póngase guantes para proteger las manos y gafas para resguardar los ojos de las lascas que puedan saltarle.

2 Para que sea más fácil quitar el ladrillo dañado de la pared, haga una serie de agujeros bastante pegados en el medio del ladrillo y a una profundidad de unos 100 mm, utilizando un martillo percutor y una broca pasamuros larga. Tenga cuidado de que la broca no se escurra y taladre los ladrillos adyacentes y produzca más daños.

3 Intente partir el ladrillo por la mitad, colocando un cincel en la línea de agujeros taladrados y golpeándolo con una maza. Cuando haya hecho esto, ponga el cincel sobre esta parte central partida en ángulo con los extremos del ladrillo y parta las dos secciones, una después de la otra, teniendo cuidado de no estropear los ladrillos de alrededor. En paredes huecas, tenga cuidado de que no se caigan piezas en la cavidad, donde podrían actuar como puente para la humedad entre la pared externa y la interna.

👍 Trucos del oficio

Puede ser dificultoso quitar ladrillos enteros de paredes macizas, especialmente cuando los ladrillos se han colocado con los extremos cortos a la vista (conocido en la profesión como tizones). La mejor manera de reparar un tizón dañado es taladrarlo como se describe en el punto 2 y luego córtelo a una profundidad de unos 100 mm, casi la longitud del ladrillo. Corte el ladrillo de sustitución por la mitad y pruebe a ver si ajusta en el hueco, recortándolo si fuera necesario para dejar que el mortero quede por detrás de él. Ponga mortero en la base del hueco y en la parte alta, también en los lados y en la parte trasera del ladrillo de sustitución. Coloque el ladrillo en su sitio. Compruebe que está centrado, ajústelo si fuera necesario y luego golpéelo ligeramente para que se quede enrasado con los ladrillos vecinos. Ponga el relleno alrededor, igualando lo más posible al relleno existente para completar la reparación.

4 Cuando haya quitado el ladrillo dañado, corte el resto del relleno de la parte superior, la inferior y los lados del hueco. Una vez más, si va a reparar una pared hueca, tenga cuidado de que no se caiga ningún escombro en la cavidad.

5 Mezcle un poco de mortero y deje que se seque para ver si iguala al color existente del relleno. Vea el cuadro de trucos del oficio de la página 125 para más información sobre la coloración del mortero. Cuando haya conseguido la fórmula adecuada, mezcle otro poco y póngalo junto en el tablero –un trozo de contrachapado o madera similar–, cerca de donde está trabajando. Ponga un lecho de mortero en la base del hueco con la paleta; embadurne el nuevo ladrillo en los extremos.

6 Deslice el ladrillo con cuidado en el hueco, centrándolo y empujándolo hacia atrás ayudándose con el mango de una maza, hasta que quede enrasado con los demás ladrillos. Compruebe que está horizontal y que las juntas alrededor tienen el mismo grosor, ajustándolo si fuera necesario.

Utilice el paletín para añadir el mortero que sea necesario en el contorno del ladrillo nuevo, luego termine aplicando el relleno para que se iguale al resto de la pared.

LADRILLOS IGUALES

A menos que la casa sea relativamente nueva, los ladrillos habrán estado expuestos a las inclemencias del tiempo y habrán cambiado de color con el paso de los años hasta el punto de que un ladrillo nuevo, aunque sea igual que los originales, resaltará bastante de los demás. Mire los anuncios de los periódicos que ofrecen ladrillos de segunda mano y que pueden igualar a los que tiene. Las empresas que recuperan elementos arquitectónicos también le pueden ser de ayuda. Si aun así no lo encuentra, dé una vuelta por su barrio para ver si hay algún trabajo de demolición, quizá encuentre los ladrillos que quiere colocar.

Una vez haya encontrado el ladrillo de segunda mano apropiado, tendrá que limpiar el mortero que todavía esté pegado a la superficie del mismo. Para hacer esto, utilice un cincel y una maza.

Lleve gafas de protección y guantes para resguardarse de las lascas que salten cuando esté realizando esta tarea.

Trate de igualar el relleno existente. Vea los pasos 6-9 de las páginas 124-125, para más detalles de cómo crear diferentes perfiles de relleno.

Reparación de revoques ✓✓

Muchas casas tienen un acabado de revoque aplicado a las paredes exteriores, bien para que la fábrica de poca calidad soporte mejor las inclemencias del tiempo o simplemente como elemento decorativo. Es una capa de mortero aplicada a la superficie de los ladrillos o bloques utilizando el sistema de doble capa para dar una capa final de hasta 25 mm de grosor. La superficie quizá esté lisa o con textura. Quizá tenga guijarros u otros áridos finos incrustados en la superficie para crear el acabado conocido como enlucido granulado.

Las inclemencias del tiempo y ligeros movimientos en la pared pueden producir que el revoque se agriete. Esto permite que el agua penetre y cale hacia abajo detrás del revoque, y si hiela puede causar que se suelten trozos de su asentamiento. Estas partes suenan huecas cuando se golpean, y quizá se caigan con el tiempo.

Herramientas necesarias

Gafas protectoras

Guantes

Martillo de uña

Tiza

Cincel para ladrillo

Maza

Cepillo duro

Brocha usada

Cubo y gaveta

Esparavel

Paletín

Listón recto de madera

Llana

Herramientas para el acabado

Trucos del oficio

Si el revoque está en malas condiciones en general, con algunas zonas abombadas o trozos que faltan, llevará siglos arreglarlo y las zonas aparentemente en buenas condiciones con probabilidad estén a punto de caerse también. Lo mejor que puede hacer es quitar todo el revoque y llamar a un albañil para que le aplique una capa nueva. Este trabajo va más allá de lo que pueda hacer el aficionado más entusiasta del bricolaje por la gran cantidad de materiales que conlleva y la necesidad de colocar andamios para realizarlo con seguridad.

1 Determine cuáles son las partes del revoque que están "sueltas" o se han desligado de la fábrica de detrás, golpeando la superficie con el mango de un martillo. Marque con tiza aquellas zonas que suenen a hueco. Utilice una escalera para las zonas más altas.

2 Utilizando gafas protectoras y guantes, coja el cincel y la maza y retire el revoque hasta que deje un borde saneado. Recorte los bordes del agujero ligeramente para que el nuevo mortero ligue con el viejo revoque; luego pase una brocha para quitar el material suelto del agujero, poniendo especial atención en la parte baja, donde habrá más lascas.

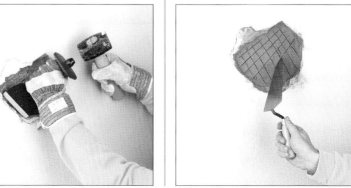

3 Mezcle una solución sellante diluyendo una parte de adhesivo pva (acetato de polivinilo) con cinco partes de agua. Utilice una brocha vieja para aplicar este sellante en la fábrica y corte los bordes del revoque. Esto ayudará a que el nuevo revoque se una bien a la pared y también evitará que se seque demasiado rápido y se rompa.

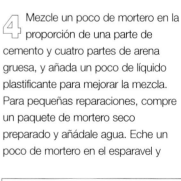

4 Mezcle un poco de mortero en la proporción de una parte de cemento y cuatro partes de arena gruesa, y añada un poco de líquido plastificante para mejorar la mezcla. Para pequeñas reparaciones, compre un paquete de mortero seco preparado y añádale agua. Eche un poco de mortero en el esparavel y

empiece a ponerlo en el agujero con la paleta. Rellene los bordes primero, luego el centro, dejando esta primera capa unos 6 mm por debajo de la superficie del revoque de alrededor. Marque la superficie con líneas entrecruzadas, ayudándose con el canto de la paleta para que la segunda capa agarre bien.

5 Aplique la segunda capa de tal manera que el acabado sobresalga un poco, luego utilice un listón de madera para pasarlo por la superficie y quitar el exceso de mortero. Sujételo junto a la pared en la parte baja de la reparación y llévelo lentamente hacia arriba, al mismo tiempo que lo mueve de derecha a izquierda, en zigzag. De esta manera se quita el mortero sobrante sin ningún riesgo de tocar la capa que está debajo.

PINTADO DE REVOQUE

Si el revoque está desnudo, será mucho más resistente a las inclemencias del tiempo, y quedará mejor si le aplica una mano de pintura. Mate cualquier alga que haya crecido en la cara de la pared con un fungicida patentado, luego aplique una capa de solución estabilizadora al revoque para sellar la superficie y reducir su porosidad. Puede luego aplicar la pintura, utilizando una brocha, un rodillo de mango largo o una pistola de pintar. Esta última es mucho más rápida, pero tendrá que utilizar un equipamiento especial –los componentes de las pinturas para exteriores atascarán un pulverizador normal–. También tendrá que tomarse su tiempo en poner cinta de pintor a puertas, ventanas, canalones, elementos de madera y tuberías, pero el esfuerzo merecerá la pena, especialmente si el revoque es granulado o con guijarros, porque en este caso perdería mucho tiempo pintándolo con brocha o rodillo. Si no tiene tiempo de pintar la casa entera de una vez, intente a hacerlo pared a pared en vez de quedarse a la mitad de una pared, porque cuando lo termine se notará la junta.

6 Rellene los huecos que hayan quedado con un poco más de mortero, luego alise la superficie con una llana, mojándola primero para evitar que el mortero se pegue. Allane el mortero lo más posible. Si la superficie existente tiene algún tipo de textura, imítela en la zona reparada utilizando las herramientas que sean

adecuadas –quizá un cepillo duro, una esponja, un rodillo para pintar o un paletín–. Si la casa tiene enlucido granulado, eche algunos guijarros en el esparavel y empújelos dentro del revoque con una llana. Utilice la parte plana de la llana para alojarlos bien en el lugar.

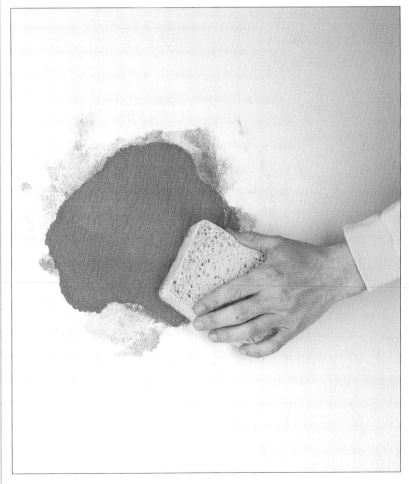

Dele un acabado a la zona reparada para que se iguale con la superficie existente. Esto podría significar utilizar una esponja para darle la textura adecuada, como en este ejemplo, o quizá aplicar un enlucido granulado.

Reparación de hormigón ↗

El hormigón es el material más utilizado, y económico, para crear pasos para vehículos, caminos, patios y otras superficies alrededor de la casa y el jardín. Aunque presenta una superficie muy resistente, se puede romper si soporta un peso excesivo por el paso de vehículos pesados, o si el terreno se hunde o se hincha. Estas roturas permiten la entrada de agua y, al congelarse, ensanchan la ranura, abriendo más grietas que llevarían a un resquebrajamiento completo de la superficie.

Si tiene una superficie de hormigón que esté un poco deteriorada, revísela más de cerca para tener una idea de la verdadera extensión del daño. Las grietas, baches y bordes rotos son relativamente fáciles de reparar utilizando las técnicas descritas más abajo, pero si la superficie se ha roto y se ha hundido en parte, probablemente sea mejor levantar la zona hundida y echar hormigón nuevo (ver cuadro en página siguiente para arreglo de hundimientos).

Herramientas necesarias

Gafas de protección

Guantes

Cincel para ladrillo

Cortafríos

Maza

Pico

Pala

Cubo y gaveta

Paletín

Pisón (para reparaciones grandes)

Llana

Cepillo duro

Rastrillo

1 Arranque todo el material suelto en la zona dañada, utilizando un cortafríos, un cincel o, incluso, un pico si fuera necesario. Siempre lleve gafas de protección y guantes fuertes para hacer este tipo de trabajo. Saque los escombros fuera del agujero. No toque el firme de suelo que estará debajo del hormigón. Si no tuviera esta base y se hubiera

hormigonado directamente sobre la tierra, excave a una profundidad de unos 100 mm.

2 Si ha llegado al subsuelo en el paso 1, eche un poco de firme de suelo (trozos de ladrillo, piedras de pedernal o material sólido similar) en el agujero y compáctelo firmemente con el mango de una maza.

3 Mezcle un poco de hormigón con una proporción de una parte de cemento y tres y media partes de áridos (combinando arena gruesa y grava). Para pequeños trabajos de reparación, compre un saco de hormigón preparado y añada agua. Échelo con una pala en el agujero o póngalo a lo largo de la grieta.

4 Compacte el hormigón dentro del agujero utilizando un trozo de madera que tenga la longitud suficiente para rebasar los bordes. Páselo con un movimiento de lado a lado y quite el exceso de hormigón. Rellene las grietas utilizando un paletín, presionando bien el hormigón hacia dentro y dejándolo enrasado con la superficie de alrededor.

5 Compactar con un listón de madera dejará la reparación con una superficie ondulada. Alísela con una llana, o utilice un cepillo duro si quiere dejarlo con cierta textura. Cubra la reparación con una hoja de polietileno sujetada con ladrillos. Deje

que se endurezca durante 24 horas antes de andar por encima, y 48 horas antes de que pueda pasar un vehículo.

ARREGLO DE UNA PARTE HUNDIDA

Si una parte del hormigón se ha partido y se ha hundido ligeramente, no puede simplemente echar más hormigón encima y nivelarlo con el resto, porque un revestimiento delgado siempre será propenso a romperse y laminarse. Rompa la zona que se ha hundido con un pico o un martillo percutor alquilado, luego excave a una profundidad de al menos 150 mm y eche una capa de 150 mm de firme de suelo o áridos triturados. Estos últimos son mejor que el firme de suelo, porque se compactan más y ofrecen una base más estable y más densa para el nuevo hormigón. Coloque un pequeño encofrado alrededor de la zona que va a reparar, y añada más áridos para rellenar los bordes y rincones del molde, compactándolo bien. Mezcle un poco de hormigón con una parte de cemento y tres y media partes de áridos combinados; échelo con una pala en el molde y rastríllelo. Rebase el nivel del suelo ligeramente, luego cruce un listón por el armazón y compacte y nivele el hormigón. Rellene los huecos que aparezcan y vuelva a compactar de nuevo. Dé el acabado a la superficie del hormigón para que iguale con el resto del entorno, cúbralo con una hoja de polietileno y deje que se endurezca durante 48 horas.

6 Si un bordillo del hormigón se ha partido, quite el material suelto y corte el hormigón para dejarlo con un borde vertical. Corte un trozo de madera de un ancho igual al grosor del hormigón y

de una longitud mayor que la zona a reparar; colóquelo junto al borde del hormigón con un par de ladrillos o trozos de madera sujetándolo. Eche hormigón en el molde, compactándolo bien con un listón de madera para asegurar que queda perfectamente relleno. Acabe la superficie de la reparación para que se iguale con el resto, cúbralo con una sábana de polietileno y déjelo que se endurezca durante 24 horas.

Antes de retirar la madera al día siguiente, pase la hoja de un paletín entre la madera y el borde del hormigón.

Utilice un listón de madera recto para apisonar la reparación de hormigón, dejando una superficie nivelada por la que poder pasar y con buena apariencia.

Nivelado de un pavimento desigual ↗

Las colocación de baldosas y bloques de solado es una práctica muy extendida para crear una superficie dura en un jardín, dejando un acabado decorativo. Aunque se queden nivelados cuando se colocan, tanto baldosas como bloques se pueden levantar debido al movimiento del terreno, hundimiento de la base sobre la que están colocados o sobrecarga de peso. Una vez ocurra esto, cada borde levantado es un peligro y toda la zona pronto comenzará a parecer antiestética a la vista, con hierbas que empiezan a salir a través de las juntas rotas.

El solado levantado es a menudo el resultado de una preparación inadecuada y técnicas incorrectas cuando las baldosas o bloques se colocaron, especialmente si se situaron en seco o sobre lecho de arena con juntas también rellenas con arena. El agua que entra por las juntas puede erosionar la arena que hay debajo. El hundimiento es también un problema común cuando se han colocado adoquines a mano sin haber puesto una base de arena compactada con una apisonadora. La solución a este problema es levantar y volver a colocar los adoquines o baldosas afectados.

Herramientas necesarias

Gafas de protección y guantes

Paletín

Cincel para ladrillo y taco de madera (para levantar baldosas)

Pala

Maza

Cubo y gaveta

Llana

Nivel de burbuja

Listón recto de madera

Tiza

Rastrillo y cepillo duro

Cortafríos

Arreglo de baldosas desniveladas

1 Si una baldosa se ha hundido, rasque la arena o mortero entre la baldosa afectada y las colindantes. Como alternativa, utilice la punta de un paletín para hacer esto.

2 Introduzca el cincel dentro de una de las ranuras, coloque un taco de madera en el borde de la baldosa contigua para protegerla y utilice la madera como punto de apoyo para levantar la baldosa. Deslice la madera bajo el borde levantado para que pueda agarrarla y sacarla. Lleve guantes fuertes para protegerse los dedos al levantar la pesada baldosa.

3 Si la baldosa fue colocada sobre arena, añada un poco de arena nueva al lecho y sustituya la baldosa. Levántela poniéndola de pie sobre el borde del hueco en el que está acoplada, vaya bajándola hasta dejarla

horizontal y deslícela para que se acople a su sitio sin mover el lecho de arena. Golpéela con el mango de la maza hasta que esté nivelada con las baldosas contiguas. Si todavía continúa hundida, repita el proceso añadiendo más arena.

Si la baldosa se colocó sobre mortero, quite el viejo mortero de la parte trasera de la baldosa con un cincel y una maza. Tenga cuidado de no romper la baldosa –no importa si se queda pegado un poco de mortero–. Luego mezcle mortero (la mezcla preparada es ideal para este tipo de trabajo) y utilice la paleta para poner cinco pegotes en el hueco, uno en cada esquina y uno en el medio. Coloque la baldosa de nuevo y golpéela con un martillo para nivelarla.

4 Ponga un nivel sobre la baldosa y las contiguas para comprobar que están correctamente alineadas, luego rellene las juntas con arena y mortero seco para que se iguale al resto de la zona. Si va a utilizar mortero, ponga unas tiras de cartón alrededor de la junta para evitar que el mortero manche las baldosas mientras rellena la junta.

Arreglo de adoquines levantados

1 Averigüe la extensión del hundimiento colocando un listón recto de madera sobre el solado en diferentes direcciones. Marque con tiza los adoquines que sobresalgan.

2 Utilizando gafas de protección, saque varios adoquines en la zona que rodea a la depresión. Vaya uno por uno hasta el área que se ha hundido levantando éstos también.

3 Con una pala, eche arena en la zona afectada y pase el rastrillo para nivelarla; luego empiece a colocar los adoquines uno a uno. Apisone cada adoquín con firmeza sobre el lecho de arena para que quede a la misma altura que los que están al lado. Cuando haya colocado cuatro o cinco adoquines, con la ayuda de un listón recto vaya comprobando que ha eliminado el hundimiento.

4 Termine de colocar los adoquines, compruebe una vez más que están nivelados y complete el trabajo extendiendo con un cepillo arena seca dentro de las juntas. Esto ayudará a sellar los adoquines y evitará hundimientos periódicos.

Rejuntado de pavimento irregular

El pavimento irregular normalmente se coloca sobre mortero, por lo que no es propenso a hundirse. Sin embargo, el rejuntado entre las piedras se puede romper y salirse, dejando un pavimento antiestético que también puede ser un peligro. La solución es hacer un rejuntado con mortero nuevo. Si las

diferentes piezas de piedra han empezado a partirse, levántelas y sustitúyalas por nuevas piezas, recortándolas para que ajusten al hueco.

1 Utilice gafas protectoras y un par de guantes de trabajo gruesos. Retire el rejuntado estropeado con un cincel y una maza. Tenga cuidado de no dañar las piedras cuando haga esto, a menos que tenga previsto sustituir las piezas deterioradas. Barra los escombros.

2 Coloque las nuevas piezas de piedra sobre el lecho de mortero y apisónelas para que queden al mismo nivel que las demás. Haga el rejuntado con mortero para ladrillos, teniendo cuidado de no echarlo encima de las piedras. Rellene las juntas casi hasta que sobresalgan de la superficie, luego pase la parte trasera de un paletín por encima de cada junta, siguiendo el contorno de las piedras. El objetivo es dejar que los bordes de las piedras queden resaltados, dándole al rejuntado un perfil de figura en V.

Tratamiento de la humedad ascendente ⁄⁄

Las casas construidas a partir de los últimos años del siglo XIX cuentan con una lámina impermeable llamada capa aislante horizontal, instalada dentro de sus paredes justo por encima del nivel del suelo para evitar que el agua del suelo se absorba dentro de la pared. En las casas antiguas, esta capa consiste en una lámina doble de pizarra o un par de hiladas de ladrillos macizos resistentes al agua. En las casas modernas es una lámina de plástico fuerte. Una membrana aislante similar está incorporada en la estructura del hormigón macizo de los suelos de las plantas bajas.

Resolución de problemas con una capa aislante horizontal puenteada

La humedad ascendente aparece como manchas de humedad sobre paredes interiores, que generalmente se eleva a una altura de aproximadamente un metro sobre el nivel del suelo. Sin embargo, si nos encontramos con este tipo de humedad no necesariamente significa que la capa aislante horizontal haya fallado. Puede haber sido puenteada de alguna manera, permitiendo que el agua del suelo la traspase y ascienda por la estructura de la pared. La ilustración de más abajo muestra algunas de las causas más comunes. La secuencia de la parte inferior de la página nos da las líneas generales de cómo atajarla.

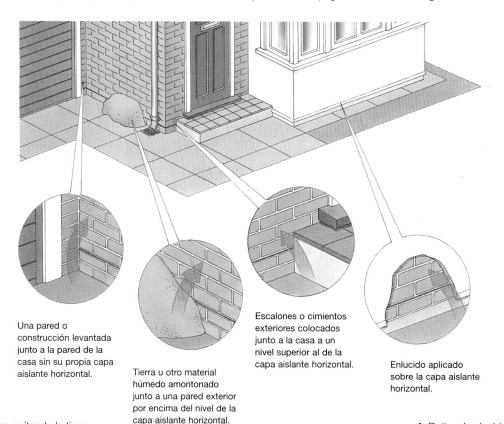

Una pared o construcción levantada junto a la pared de la casa sin su propia capa aislante horizontal.

Tierra u otro material húmedo amontonado junto a una pared exterior por encima del nivel de la capa aislante horizontal.

Escalones o cimientos exteriores colocados junto a la casa a un nivel superior al de la capa aislante horizontal.

Enlucido aplicado sobre la capa aislante horizontal.

1. Empiece quitando la tierra u otro material apilado junto a la pared por encima del nivel de la capa aislante horizontal, y asegúrese de que los ladrillos huecos no han sido taponados. Éstos son esenciales para dar ventilación a los suelos flotantes de madera, los cuales se pueden pudrir si les entra humedad.

2. Si existen baldosas o paredes construidas junto a la casa y puentean la capa aislante, con un cincel retire el mortero o el hormigón donde se unen ambas e inserte una capa aislante vertical. Luego tape la junta con sellador acrílico.

3. Trate la fábrica existente sobre un sendero o patio que está a menos de 150 mm por debajo del nivel de la capa aislante con dos capas de silicona sintética, para evitar que absorba el agua. También puede quitar una fila de baldosas junto a la casa y sustituirlas por una capa de grava.

4. Retire el enlucido que se encuentra por debajo de la capa aislante con un cincel y una maza. La capa aislante generalmente es visible en la junta de mortero sobre la que se asienta. Fije malla sobre la pared, en el exterior, al mismo nivel que la capa aislante, y ponga el enlucido dejando un borde horizontal limpio.

Arreglo de la capa aislante horizontal que falla

Si el problema de humedad persiste a pesar de haber solucionado el puenteado, entonces es probable que la capa aislante horizontal sí haya fallado. Puede solicitar los servicios de una empresa especializada en tratamiento de humedades para que instalen una nueva capa aislante, quienes inyectarán materiales químicos impermeables en la pared a la altura de dicha capa. Sin embargo, dado que el trabajo es una labor muy intensiva y usted puede alquilar el mismo equipo de inyección que los especialistas utilizan, puede realizar el trabajo usted mismo. Las empresas de alquiler de herramientas que suministran el equipo también venden los productos químicos necesarios que usted los compra bajo unas condiciones de venta o devolución cuando alquila el equipamiento.

Antes de comenzar tiene que enterarse si las paredes son macizas o huecas examinando su estructura: si la pared está expuesta y consiste totalmente en ladrillos colocados unos al lado de otros, es una pared hueca. Si los ladrillos no están visibles, mida el espesor de la pared: será de unos 240 mm si es maciza y de unos 290 mm si es hueca.

Herramientas necesarias

Máquina de inyección de productos aislantes (alquilada)

Martillo percutor

Brocas pasamuros

Distanciador

Paletín

1 Alquile la máquina de inyección de productos aislantes y llévese buena cantidad del producto para trabajar. Quizá necesite hasta tres litros por metro cuadrado de pared si la fábrica es muy porosa. Alquile una taladradora profesional para trabajos de bricolaje. Compre brocas para hormigón de un diámetro que se acople al tamaño de las boquillas de inyección y de longitud suficiente para taladrar a una profundidad de 200 mm.

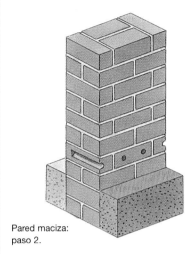

2 Lleve a efecto la primera parte del proceso de inyectado taladrando agujeros de 75 mm de profundidad a intervalos de 150 mm a lo largo del nivel de la capa aislante horizontal de la pared. La inyección se puede hacer desde el interior hacia fuera. Inserte las boquillas más cortas que vienen, asegúrelas en su sitio y comience a inyectar el fluido. Cuando lo complete, repita el proceso en los demás agujeros.

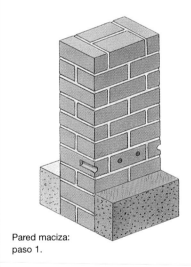

Pared maciza: paso 1.

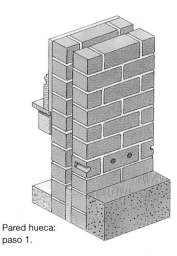

Pared hueca: paso 1.

3 Cuando haya inyectado todos los agujeros, taladre en los mismos agujeros a una profundidad de 150 mm en paredes macizas y a 200 mm en paredes huecas. Repita el proceso de inyección utilizando las boquillas más largas de la máquina. Cuando se haya completado el inyectado, rellene los agujeros con mortero.

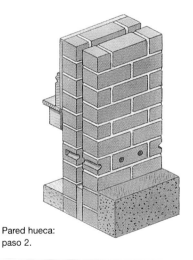

Pared maciza: paso 2.

Pared hueca: paso 2.

👍 Trucos del oficio

Paredes internas: Si las paredes internas macizas también muestran signos de humedad, levante la tarima colocada junto a ellas e inyecte fluido haciendo agujeros de unos 50 mm de profundidad en paredes con un grosor del tamaño de un ladrillo.

Enlucido estropeado: Si el enlucido se ha estropeado por la humedad, retírelo y sustitúyalo con una capa de cemento impermeable. Cúbralo con un acabado de yeso cuando la pared se haya secado.

Glosario

Adhesivo de pva (acetato de polivinilo): Líquido blanco utilizado como adhesivo y sellador en trabajos de construcción.

Adoquín: Elemento de pavimentar del tamaño de un ladrillo hecho en una amplia variedad de colores y diseños, que se coloca sobre arena para formar vados, senderos y solados de patios.

Aparejo: La forma en que los ladrillos se disponen en una pared. Se utilizan distintos aparejos para los diferentes tipos de construcción.

Aparejo flamenco: Disposición de los ladrillos en una pared donde cada hilada consiste en un ladrillo a soga seguido de dos a tizón. La pared tiene un espesor de un ladrillo (215 mm).

Aparejo inglés: Disposición de los ladrillos en una pared con hiladas colocadas a soga y tizón alternativamente. La pared tiene un espesor de un ladrillo (215 mm).

Árido: Piedra machacada, grava o material inerte similar que forma la mayor parte de compuestos, tales como el hormigón y el mortero. Los áridos más finos son conocidos como arena. Árido también en ocasiones se refiere a balasto.

Baldosa de pavimentar: Elemento de albañilería, normalmente cuadrado o rectangular y de 35-50 mm de grosor, que se coloca sobre lecho de mortero o arena para crear patios, senderos y pasos para vehículos.

Barra medidora: Listón de madera que se marca con las medidas de los ladrillos y las juntas y que es de ayuda cuando se están colocando ladrillos. Se utiliza para comprobar que las hiladas van quedando uniformes.

Bloque: Elemento de construcción, generalmente mayor que un ladrillo, utilizado para construir paredes de casas y de jardines. Los bloques de peso ligero aislantes se utilizan para paredes huecas, mientras que los bloques de piedra prefabricada más densos y los bloques de celosía se utilizan en jardines.

Cabio: Pieza corta de madera o acero, insertada horizontalmente en una pared y sujetada por puntados extensibles para soportar el peso de una pared mientras una parte de la misma se derriba.

Capa aislante horizontal: Capa continua de material impermeable (antiguamente pizarra, ahora normalmente plástico) alojada en la pared de una casa por encima del nivel del suelo para evitar que el agua cale la pared y produzca humedades. Los suelos de hormigón incorporan una membrana aislante.

Cargadero: Elemento de albañilería utilizado para sujetar el extremo de una viga o dintel en una pared.

Cemento: Material en polvo que se mezcla con arena y áridos para formar mortero y hormigón respectivamente.

Centro de techo: Moldura ornamental de escayola o plástico fijado en el centro de un techo como elemento decorativo.

Cimiento: Faja de cimiento de hormigón colocada en una zanja para apoyar una pared u otro tipo de fábrica. Algunas veces se refiere también a base.

Cinta de junta: Cinta de papel o de metal utilizada para reforzar las juntas entre hojas de cartón yeso en paredes y techos.

Clave: El ladrillo o piedra central colocado en la parte más alta de un arco.

Clavo pasamuros: Clavo de acero reforzado que se puede introducir en fábricas con un martillo.

Detector de vigas: Detector electrónico de metal que encuentra la línea de clavos fijados a la tarima o madera del techo y, por ello, la posición de las vigas.

Dintel: Traviesa de hormigón, madera o acero que se coloca en la parte superior de una puerta o ventana.

Dovela: Moldura plana, generalmente cóncava, en sección cruzada, ajustada a los ángulos que hace la pared con el techo, con fines decorativos. El término cornisa se refiere a una dovela más ornamentada.

Eflorescencia: Salitre que se queda en la superficie de paredes cuando se secan después de su construcción o enlucido. No se debe limpiar con agua, sino pasarle un cepillo.

Encofrado: Tablones de madera fijados a estacas en el suelo, que forman un molde para un suelo de hormigón. El encofrado se quita cuando el hormigón se ha endurecido.

Enlucido en seco: Pared enlucida formada por hojas canteadas de cartón yeso, fijadas a un marco de listones de madera sobre la pared. No requiere enlucido.

Esparavel: Pieza cuadrada de metal o de contrachapado, con un mango en la parte de abajo, que se utiliza para llevar pequeñas cantidades de mortero o yeso a la zona de trabajo.

Esquinera: Junquillo hecho de acero galvanizado y malla metálica que se utiliza para reforzar las esquinas de yeso.

Firme de suelo: Ladrillo, hormigón u otro elemento de construcción partidos, que se coloca sobre el subsuelo para formar una base estable para el hormigón.

Grava: Piedra de río, normalmente cribada a un diámetro máximo de 20 mm. Se coloca suelta para crear pasos para vehículos u otras características de jardín.

Guijarros: Piedras redondeadas, de hasta 75 mm de diámetro, que se colocan sueltas o sobre lecho de mortero en zonas de jardín.

Hormigón: Mezcla de cemento, arena, árido y agua que crea una masa dura y de apariencia de piedra y se utiliza para cimientos de paredes y como paramento horizontal para patios, pasos para vehículos y cimentaciones.

Humedad penetrante: Humedad que aparece en una construcción por un defecto de su estructura y de la impermeabilización.

Ladrillo: Elemento de albañilería hecho de barro cocido y otros materiales, que se utiliza para construir paredes de casas y de jardines y otras estructuras. Un ladrillo estándar mide 215 x 102 x 65 mm.

Ladrillo hueco: Ladrillo perforado que se coloca en una pared para dar ventilación a una habitación o a un vano bajo el suelo.

Listón: Tira de madera, de 50 x 25 mm o menos con canto recto, utilizada para formar tramos de paredes cuando se enluce y para otras muchas finalidades.

Listón y yeso: Revestimiento de techos y paredes divisorias en las casas antiguas, consistente en una capa de yeso aplicada a un bastidor de listones que se clava a las vigas del techo o listones verticales de paredes.

Malla: Hoja o tira de tela metálica para sujetar el yeso cuando se arreglan desperfectos en paredes y techos.

Masilla: Pasta para relleno utilizada para sellar juntas entre elementos de construcción, como el marco de una ventana y la fábrica que le rodea. También conocido como emplaste.

Mortero: Mezcla de cemento, arena y algunas veces otros aditivos, utilizada para colocar ladrillos y revocados.

Pared hueca: Pared de vivienda consistente en dos capas de fábrica que quedan ancladas con abrazaderas de metal. Tienen una cavidad (hueco) –normalmente de 50 mm de anchura– entre ellas. La pared interna se suele construir con bloques, y la cavidad se rellena parcialmente con materiales aislantes.

Pavimento irregular: Superficie pavimentada creada al colocar piezas de piedra, de contorno irregular, sobre una base de mortero y rellenado de juntas.

Pilar: Elemento de apoyo que sobresale de ambos lados de la pared para aumentar su estabilidad. Los pilares se pueden construir al final de una pared y a intervalos regulares en la misma.

Puntales: Tubos de acero telescópicos que se utilizan para sujetar los cabios o el suelo de encima cuando se derriba el total o parte de una pared.

Relleno: Mortero que rellena los espacios entre ladrillos en una pared. Se pueden dejar diferentes perfiles utilizando diversas herramientas.

Remate: Ladrillo, piedra o franja de hormigón, colocado encima de una pared para protegerla de las inclemencias del tiempo.

Tacos: Trozos de madera fijados en horizontal entre listones verticales de paredes o entre vigas del techo para reforzar su estructura.

Tizón: Ladrillo colocado en la pared de manera que sólo queda visible su lado corto.

Viga: Vigueta de madera o metal para sujetar un suelo y, en las habitaciones de la planta superior, el techo que hay debajo.

Yeso: Polvo mezclado con agua para formar un material maleable que se aplica a las superficies de paredes y techos, y se endurece dejando una superficie lisa lista para decorar.

índice